French for Beginners

• The COMPLETE Crash Course to Speaking French in 5 DAYS OR LESS! • A Massive Dictionary of the Most Common French Words Is Included •

By Bruno Thomas & Émile Dubois

Copyright © 2017

Table of Contents

INTRODUCTION 5

IPA and Our Special Phonetic Spelling... 6

FRENCH GRAMMAR 12

   NOUNS 12

   ARTICLES 12

   ADJECTIVES 14

   POSSESSIVE ADJECTIVES 15

   PRONOUNS 16

      PERSONAL PRONOUNS.. 16

      POSSESSIVE PRONOUNS 17

   NEGATIVE SENTENCES 18

   VERBS.. 19

      SIMPLE PRESENT 20

      SIMPLE PRESENT 20

      SIMPLE PRESENT – VERBS ENDING IN -ER 21

      SIMPLE PRESENT – VERBS ENDING IN –IR...................... 22

      SIMPLE PRESENT – VERBS IN ENDING –IR (THIRD GROUP).. 22

      SIMPLE PRESENT – VERBS ENDING IN -OIR 23

      SIMPLE PRESENT – VERBS ENDING IN –RE.................... 23

NUMBERS, DAYS, MONTHS & SEASONS 25

   NUMBERS 25

      CARDINAL NUMBERS... 25

- ORDINAL NUMBERS 27
- DAYS 28
  - WEEK 28
- MONTHS 29
  - SEASONS 29
- MEETING PEOPLE 31
  - BASIC WORDS AND PHRASES 31
- PRESENTATIONS 34
- FREE TIME 38
- DATES 39
- VISITING THE CITY 41
  - Directions 41
  - Accommodation 43
- TRAVELLING 45
  - TRAIN 46
  - CAR 48
- BORDERS 50
- AT THE RESTAURANT 52
- MONEY 59
- SHOPS AND SERVICES 61
- ART 63
- HEALTH 65
  - ALLERGIES AND FOOD INTOLLERANCES 68

SERVICES FOR DISABLED PEOPLE 70

EMERGENCIES 72

COMPUTER AND INTERNET 74

ENGLISH – FRENCH DICTIONARY 76

INTRODUCTION

This ebook presents a basic guide to the French language. The main goal is to present the most important rules of French grammar and common phrases in the French language.

"French for Beginners" doesn't offer an exhaustive grammar and vocabulary; however it could be very useful to the beginning student or to anyone who wants to travel in France or in other French-speaking countries.

* The vocabulary inside the guide is presented in the following format:

Word in English • Word in French • Phonetic Spelling • IPA (International Phonetic Alfabeth)

IPA and Our Special Phonetic Spelling

IPA symbols can be confusing when learning a foreign language. This is because some of them don't look like the letters of our common alphabet. Here are some examples – ø, ɛ, ɥ, ɔ̃ etc.

So why don't we just use our usual letters, you ask? Since this guide is for English speakers learning French, our explanation pertains only to English and French.

    a) Because written letters can be pronounced in different ways, depending on various factors, e.g. lead (the metal) and lead (the infinitive verb), can Vs can't, led (past tense of lead) Vs lead (the metal)…

    b) Some sounds quite simply don't exist in English words, e.g. the 'u' in the French 'musique'. Or in French, e.g. the 'h' in 'hotel' doesn't exist in French.

For these reasons, among many others, an international alphabet was set up to cover all 'sounds' in language.

We have, however, tried to give you the pronunciation of the French using regular letters of the alphabet, in case you don't know how to read IPA. We have called this PS, 'phonetic spelling'.

It is also for the reasons above that some French sounds are impossible to 'write' in PS, because English-speakers simply don't know how to shape their mouths to pronounce these sounds and trying to write it in PS gives some very weird series of letters, as you will discover. The PS we have listed in this guide, therefore, is just a guide and will not enable you to pronounce French perfectly. But we feel it is the best representation of how an English-speaker, who doesn't understand IPA, will be able to pronounce a French word. Again, it isn't perfect, but we feel it's as close as you're going to get (!) and will certainly enable you to be understood by a French-speaker.

On that note, here are some explanations on the PS in this guide.

1/ **PS for singulars and plurals**

You'll notice that PS for singulars and plurals is identical. This is because the French don't pronounce the plural.

2/ **PS [eey]u**

PS [eey]u (IPA 'y' and often 'ɥ ') – this corresponds to the letter 'u' found in French words such as 'musique', 'tu', 'une' etc.

This is one of the lovelies that don't exist in English. It's a very high 'u', without the sound of the letter 'y' that we tend to put in the English word 'music', for example. The square brackets mean that the letters inside are to be used to help you pronounce it, but <u>are not actually pronounced</u>. Imagine you are trying to say 'eey' and hold the 'y' position. That will put your tongue in (just about) the right position to pronounce the 'u' that comes after the [eey].

In short - The 'u' is pronounced. The [eey] isn't, and only meant to help you place your tongue in the right position to pronounce the 'u'.

3/ "Throat clearing"

English-speakers often find the French seem to be 'clearing their throat' a lot when they speak. This is because a lot of French is pronounced quite far back in the throat, unlike in English. The addition in PS of the letter 'h' after an 'r' aims to remind you of this.

e.g. why • pourquoi • poorh-kwa • puʀkwa

4/ **PS '»'**

The PS '»' (which always comes after a vowel and before a consonant) means you need to pronounce a lengthened vowel, not a short one. For example, compare the following: monter • mo»n-tey • mõte (there's a '»' in the PS so pronounce a long 'o')
et
(f.s.) • bonne • bon • bon (there's no '»' in the PS so pronounce a short 'o')

5/ **PS '(n)'**

To pronounce the PS '(n)', it's like you have to pretend there's a letter 'n', but you don't actually pronounce it, which sends the sound into the nose and makes it nasal.

In the guide, an unpronounced 'n' appears as (n), while a pronounced 'n' appears as it is.

For example:

- a»(n) – meaning the 'n' ISN'T pronounced – e.g. ee-noe-ssa»(n) (innocent)
- a»n – meaning the 'n' IS pronounced – e.g. ee-noe-ssa»nt (innocente)

*Don't forget, the '»' shows that you need to pronounce a lengthened vowel (in this case, a lengthened 'a') - same as we learned in rule 4.

6/ Silent 'm'

For written words with 'm' instead of 'n', we should use PS (n) to represent an un-pronounced 'm'. Example:

spring • printemps • pre»n-ta»(n) • pRɛ̃ta

7/ PS 'ss'

The letter 's' in English can be pronounced like an 's' or actually like a 'z'. This is why PS uses the double 'ss' to express the 's' sound, so as to avoid confusion with the 'z' sound.

ici • ee-ssee • isi

8/ PS 'zh'

E.g.

je • *zh*uh • ʒə

The PS 'zh' sounds like the G in mirage

9/ PS 'oe'

(m.s.) • beau • *boe* • bo

The PS 'oe' sounds like the 'oe' in the word 'toe' (I have 10 toes). But remember, you need to forget how the letters you see in the PS would be pronounced in actual English. For example, the PS 'shoe' IS NOT the things you put on your feet. It's actually the PS for the English 'show'.

e.g.

(m.s.) • chauffage • sh*oe*-fazh • ʃofaʒ

10/ "The syllable that actually isn't"
e.g.
(m.s.) • millimètre • mee-lee-me-tr{uh} • milimɛtʀ

Here, the 'uh' isn't actually a fully pronounced syllable, as you can see from the lack of vowel after the 'tʀ' in the IPA. So what you should do here is pronounce the 'tr' sound fully, engaging your vocal chords, but the 'uh' sound does NOT engage the vocal chords, so it seems to be whispered.

Some other examples of this 'syllable that actually isn't' are

(m.s.) • portable • porh-ta-bl{uh} • pɔʀtabl
entendre • a»n-ta»n-dr{uh} • ɑ̃tɑ̃dʀ

We have chosen to represent the "syllable that actually isn't" via curly brackets, so it will be easier for you to spot.

SO REMEMBER, if you see '{uh}' in the PS, it's to be pronounced without engaging your vocal chords, whispered, so to speak, whereas 'uh' in the PS, without the curly brackets, is pronounced using your voice, as a full syllable.

FRENCH GRAMMAR

NOUNS

In the French language the noun is a variable part of speech that changes with gender (masculine and feminine) and number (singular and plural).

friend •

(Masculine singular)   ami • a-mee • ami

(Feminine singular)   amie • a-mee • ami

(Masculine plural)   amis • a-mee• ami

(Feminine plural)   amies • a-mee • ami

Nouns are related to the other variable parts of speech such as articles, adjectives and pronouns, and must match in gender and number.

ARTICLES

In French the article "the" can be translated in different ways. It depends on the gender and the number:

Masc. sing. LE

the boy • le garçon • luh garh-sso»(n) • lə ɡaʀsɔ

the uncle • l'oncle • lo»ng-kl{uh} • lɔ̃kl

Fem. sing.   LA

　　the girl • la fille • la fee-y{uh} • la fij

　　the friend • l'amie • la-mee • lami

Masc. and Femm. Plur. LES

　　the nouns • les noms • ley no»(n) • le nɔ

　　the adjective • les adjectifs • ley zad-zhek-teef • lez adʒɛktif

The English indeterminative article "a / an" is translated with "un" (masculine) and "une" feminine.

　　a boy • un garçon • u»(n) garh-so»(n) • œ̃ garsɔ

　　a girl • une fille • [eey]un fee-y{uh} • yn fij

The plural indefinite article is always used in French "des":

My friend sells flowers in the subway • Mon ami vend des fleurs dans le metro • mo»(n) na-mee va»(n) dey fleurh da»(n) luh mey-troe • mɔ ami vɑ de flœʀ dɑ lə metʀo

ADJECTIVES

In French adjectives aren't invariable as in English. French adjectives change to agree in gender and number with the nouns that they modify, which means there can be up to four forms of each adjective:

Pretty •

Masculine singular   joli • zho-lee • ʒɔli

Feminine singular   jolie • zho-lee • ʒɔli

Masculine plural   jolis • zho-lee • ʒɔli

Feminine plural   jolies • zho-lee • ʒɔli

French adjective can come before or after the noun:

He has a new car • Il a une nouvelle voiture • eel a [eey]un noo-vel vwa-t[eey]urh • il a yn nuvɛl vwatyʀ.

I have got a new mobile phone • J'ai un nouveau portable • zhey u»(n) noo-voe porh-ta-bl • ʒe œ̃ nuvo pɔʀtabl

POSSESSIVE ADJECTIVES

Possessive adjectives are never preceded by the determinative article.

my • mon (n) / ma (f) / mes (pl) • mo»(n) / ma / mey • mɔ / ma / me

your • ton (n) / ta (f) / tes (pl) • to»(n) / ta / tey • tɔ / ta / te

his / her / its • son (n) / sa (f) / ses (pl) sso»(n) / ssa / ssey • sɔ / sa / se

our • notre (n) (f) / nos (pl) • no-tr{uh} / noe • nɔtR / no

your • votre (n) (f) / vos (pl) • vo-tr{uh} / voe • vɔtR / vo

their • leur (n) (f) / leurs (pl) • leurh / leurh • lœR / lœR

In English the singular third person is referred to the possessor, while in French it is referred to the noun.

The English 2nd person of the possessive adjective "your" is the same for singular and plural, but in French they change: "ton / ta / tes" for the singular 2nd person of the possessive adjective and "votre / vos" for the plural one.

PRONOUNS

PERSONAL PRONOUNS

French personal pronouns are always expressed.

I • je • zhuh • ʒə

You • tu • t[eey]u • ty

He • il • eel • il

She • elle • el • ɛl

It • il / elle • eel / el • il / ɛl

We • nous • noo • nu

You • vous • voo • vu

They • ils (m.) / elles (f.) • eel / el • il / ɛl

French has two different ways to say "you":
Tu is the familiar "you," speaking with friends, relatives, and children.

Vous is the formal "you", used to show respect or maintain a certain distance or formality with someone.

Vous is also the plural person of "you."

The neutral person "it" is translated by "il" or "elle." The French language does not have a neutre gender, which is simply handled by using either masculine or feminine.

Particular attention should be given to the indefinite pronoun "on" which is an informal replacement for "we," "you," "they," "someone" or "one." It follows the 3rd singular person conjugation.

> We're going out tonight • On va sortir ce soir • o»(n) va ssorh-teer ssuh sswarh • ɔ va sɔʀtiʀ sə swaʀ

POSSESSIVE PRONOUNS

Possessive pronouns are always preceded by the article and they are used instead of a noun.

mine • le mien (m.s.) / la mienne (f.s.) / les miens (m.p.) / les miennes (f.p.)• luh mye»(n) / la myen / ley mye»(n) / ley myen • lə mjɛ / la mjɛn / le mjɛ / le mjɛn

yours • le tien (m.s.) / la tienne (f.p.) / les tiens (m.p.) / les tiennes (f.p.) • luh tye»(n) / la tyen / ley tye»(n) / ley tyen • lə tjɛ / la tjɛn / le tjɛ / le tjɛn his / hers / its • le sien (m.) / la sienne (f.s.) / les siens (m.p.) / les siennes (f.p.) • luh ssye»(n) / la ssyen / ley ssye»(n) / ley ssyen • lə sjɛ / la sjɛn / le sjɛ / le sjɛn

ours • le nôtre (m.s.) / la nôtre (f.s.) / les nôtres (p.) • luh noe-tr{uh} / la noe-tr{uh} / ley noe-tr{uh} • lə notʀ / la notʀ / le notʀ

yours • le vôtre (m.s.) / la vôtre (f.s.) / les vôtres (p.) • luh voe-tr{uh} / la voe-tr{uh} / ley voe-tr{uh} • lə votʀ / la votʀ / le votʀ

theirs • le leur / la leur / les leurs • luh leurh / la leurh / ley leurh • lə lœʀ / la lœʀ / le lœʀ

Mary's car is blue, mine is black • La voiture de Marie est bleu, la mienne est noire • la vwa-t[eey]urh duh ma-ree ey blu», la myen ey nwarh • la vwatyʀ də maʀi e blø la mjɛn e nwaʀ

NEGATIVE SENTENCES

Negative sentences in French are a bit different than in English. Negative sentences consist of two negative

18

adverbs "ne …pas." "Ne" is placed in front of the conjugated verb and "pas" after it.

I'm not eating • Je ne mange pas • zhuh nuh ma»(n)zh pa • ʒə nə mɑ̃ʒ pa

"Ne" can also be expressed in a contracted form. It therefore becomes N '

I don't like going to the disko • Je n'aime pas aller à la discothèque • zhuh nem pa za-ley a la dee-ssko-tek • ʒə nem pa ale a la diskɔtɛk

VERBS

French verbs are conventionally divided into three conjugations:

1st group: verbs ending in –er;

2nd group: verbs ending in –ir;

3rd group:

1st section: verbs ending in –ir;

2nd section: verbs ending in –oir;

3rd section: verbs ending in –re;

The first two groups follow a regular conjugation, whereas the third group follows an irregular one. In French the auxiliary verbs are "être" and "avoir" and they are also irregular.

SIMPLE PRESENT
To be • être • e-tr{uh} • ɛtʀ

I am • je suis • zhuh sswee • ʒə sɥi

you are • tu es • t[eey]u e • ty ɛ

he / she / it is • il / elle est • eel / el ey • il / ɛl e

we are • nous sommes • noo ssom • nu sɔm

you are • vous êtes • voo zet • vu zet

they are • ils / elles sont • eel / el sso»(n) • il / ɛl sɔ

SIMPLE PRESENT
To have • avoir • a-vwarh • avwaʀ

I have got • j'ai • zhey • ʒe

You have got • tu as • t[eey]u a • ty a

He / She / It has got • il / elle a • eel / el a • il / ɛl a

We have got • nous avons • noo za-vo»(n) • nuzavɔ

You have got • vous avez • voo-za-vey • vuzave

They have got • ils / elles ont • eel / el zo»(n) • il / εl zont

SIMPLE PRESENT – VERBS ENDING IN -ER
To think • pensER • pa»(n)-ssey • pãse

I think • je pense • zhuh pa»(n)ss • ʒə pãs

You think • tu penses• t[eey]u pa»(n)ss • ty pãs

He / she / it thinks • il / elle pense • eel / el pa»(n)ss • il / εl pãs

We think • nous pensons • noo pa»(n)-sso»(n) • nu pãsɔ

You think • vous pensez • voo pa»(n)-ssey vu pãse

They think • ils / elles pensent • eel / el pa»(n)ss • il / εl pãs

SIMPLE PRESENT – VERBS ENDING IN –IR
To finish • finIR • fee-neer • finiʀ

I finish • je finis • zhuh fee-nee • ʒə fini

You finish • tu finis • t[eey]u fee-nee • ty fini

He / she / it finishes • il / elle finit • eel / el fee-nee • il / εl fini

We finish • nous finissons • noo fee-nee-sso»(n) • nu finisɔ

You finish • vous finissez • voo fee-nee-ssey • vu finise

They finish • ils / elles finissent • eel / el fee-neess • il / εl finis

SIMPLE PRESENT – VERBS IN ENDING –IR (THIRD GROUP)

To open • ouvrIR • oo-vreer • uvʀiʀ

I open • j'ouvre • zhoo-vr{uh} • ʒuvʀ

you open • tu ouvres • t[eey]u oo-vr{uh} • ty uvʀ

he / she / it opens • il / elle ouvre • eel / el oo-vr{uh} • il / εl uvʀ

we open • nous ouvrons • noo zoo-vro»(n) • nuzuvʀɔ

you open • vous ouvrez • voo zoo-vrey • vuzuvʀe

they open • ils / elles ouvrent • eel / el oo-vr{uh} • il / εl uvʀ

SIMPLE PRESENT – VERBS ENDING IN -OIR

To want • voulOIR • voo-lwarh • vulwaʀ

I want • je veux • zhuh vuh • ʒə vø

you want • tu veux • t[eey]u vuh • ty vø

he / she / it wants • il / elle veut • eel / el vuh • il / ɛl vø

we want • nous voulons • noo voo-lo»(n) • nu vulɔ

you want • vous voulez • voo voo-ley • vu vule

they want • ils / elles veulent • eel / el vu»l • il / ɛl vøl

SIMPLE PRESENT – VERBS ENDING IN –RE

To take • prendRE • pra»(n)-dr{uh} • pʀɑ̃dʀ

I take • je prends • zhuh pra»(n) • ʒə pʀɑ

you take • tu prends • t[eey]u pra»(n) • ty pʀɑ

he / she / it takes • il / elle prend • eel / el pra»(n) • il / ɛl pʀɑ

we take • nous prenons • noo pru»-no»(n) • nu pʀənɔ

you take • vous prenez • voo pru»-ney • vu pʀəne

they take • ils / elles prennent • eel / el pren • il / ɛl pʀɑ

NUMBERS, DAYS, MONTHS & SEASONS

What day is it today? • Quel jour sommes-nous? • kel zhoorh ssom noo • kɛl ʒuʀ som nu

It's the 18th of May • Nous sommes le 18 mai • noo ssom luh dee-zwee me • nu som lə dizᶣit mɛ

NUMBERS

CARDINAL NUMBERS

0 • zéro • zey-roe • zeʀo

1 • un • u»(n) • œ̃

2 • deux • duh • dø

3 • trois • trwah • tʀwɑ

4 • quatre • ka-tr{uh} • katʀ

5 • cinq • sse»ngk • sɛ̃k

6 • six • sseess • sis

7 • sept • sset • sɛt

8 • huit • weet • ᶣit

9 • neuf • nu»f • nœf

24

10 • dix • dees • dis

11 • onze • o»(n)z • õz

12 • douze • dooz • duz

13 • treize • trez • tRɛz

14 • quatorze • ka-torhz • katɔRz

15 • quinze • ke»(n)z • kɛ̃z

16 • seize • ssez • sɛz

17 • dix-sept • dee-ssset • dissɛt

18 • dix-huit • dee-zweet • dizᴴit

19 • dix-neuf • deez-nu»f • diznœf

20 • vingt • ve»(n) • vɛ

21 • vingt et un • ve»(n) tey u»(n) • vɛ tɛ œ̃

22 • vingt-deux • ve»n-duh • vɛ dø

30 • trente • tra»nt • tRɑt

40 • quarante • ka-ra»nt • kaRɑt

50 • cinquante • sse»ng-ka»nt • sɛkɑt

60 • soixante • sswa-ssa»nt • swasɑt

70 • soixante-dix • sswa-ssa»nt-deess • swasɑtdis

80 • quatre-vingt • ka-tr{uh}-ve»(n) • katRəvɛ

90 • quatre-vingt-dix • ka-tr{uh}-ve»(n)-deess • katRəvɛ̃dis

25

100 • cent • ssa»(n) • sɑ

101 • cent-un • ssa»(n) u»(n) • sɑ œ̃

200 • deux-cent • duh ssa»(n) • dø sɑ

1000 • mille • mil • meel

million • million • mee-lyo»(n) • miljɔ

ORDINAL NUMBERS

1st • premier • pru»-myey • pʀəmje

2nd • deuxième • du»-zyem • døzjɛm

3rd • troisième • trwa-zyem • tʀwazjɛm

4th • quatrième • ka-tree-yem • katʀijɛm

5th • cinquième • sse»ng-kyem • sɛ̃kjɛm

6th • sixième • ssee-zyem • sizjɛm

7th • septième • sse-tyem • sɛtjɛm

8th • huitième • wee-tyem • 'ɥitjɛm

9th • neuvième • nu»-vyem • nœvjɛm

10th • dixième • dee-zyem • dizjɛm

11th • onzième • o»(n)-zyem • ɔ̃zjɛm

12th • douzième • doo-zyem • duzjɛm

13th • treizième • tre-zyem • tʀɛzjɛm

20th • vingtième • ve»n-tyem • vɛtjɛm

100th • centaine • ssa»n-ten • sɑ̃tɛn

101st • cent unième • ssa»n [eey]u-nyem • sɑ ynjɛm

1000th • millième • mee-lee-yem • milijɛm

DAYS

WEEK

Sunday • dimanche • dee-ma»(n)sh • dimaʃ

Monday • lundi • lu»n-dee • lœ̃di

Tuesday • mardi • marh-dee • maʀdi

Wednesday • mercredi • mair-kru»-dee • mɛʀkʀədi

Thursday • jeudi • zhu»-dee • ʒødi

Friday • vendredi • va»n-dru»-dee • vɑ̃dʀədi

Saturday • samedi • ssam-dee • samdi

MONTHS

January • janvier • zha»(n)-vyey • ʒɑ̃vje

February • février • fey-vree-yey • fevʀije

March • mars • marhss • maʀs

April • avril • a-vreel • avʀil

May • mai • me • mɛ

June • juin • zhwe»(n) • ʒɥɛ

July • juillet • zhwee-yey • ʒɥijɛ

August • août • oot • u(t)

September • septembre • ssep-ta»m-br{uh} • sɛptɑbʀ

October • octobre • ok-to-br{uh} • ɔktɔbʀ

November • novembre • no-va»m- br{uh} • nɔvɑbʀ

December • décembre • dey-ssa»m-br{uh} • desɑbʀ

SEASONS

spring • printemps • pre»n-ta»(n) • pʀɛ̃tɑ

summer • été • ey-tey • ete

autumn • automne • oe-ton • otɔn

winter • hiver • ee-vair • ivɛʀ

WHAT IS THE FRENCH FOR?

MEETING PEOPLE

BASIC WORDS AND PHRASES

Hello • Bonjour • bo»(n)-zhoorh • bɔ̃ʒuʀ

Hi • Salut • ssa-l[eey]u • saly

Good day • Bonne journée • bon zhoorh-ney • bɔn ʒuʀne

Good morning • Bonjour • bo»(n)-zhoorh • bɔ̃ʒuʀ

Good afternoon • Bon après-midi • bo»(n) na-pre-mee-dee • bɔ apʀɛmidi

Good evening • Bonsoir • bo»(n)-sswarh • bɔ̃swaʀ

Good night • Bonne nuit • bon-nwee • bɔn nɥi

Good bye • Au revoir • o-ru»-vwarh • ɔʀ(ə)vwaʀ

Yes • oui • wee • wi

No • non • no»(n) • nɔ

Please • s'il vous plaît • sseel voo ple • sil vu plɛ

(formal) - Excuse me • Excusez-moi • ek - ssk[eey]u-zey mwa • ɛkskyze mwa

(informal) - Excuse me • Excuse-moi • ek-ssk[eey]uz mwa • ɛkskyz mwa

Thank you • merci • mair-ssee • mɛʀsi

You're welcome • de rien • duh rye»(n) • də ʀjɛ

Have a nice day • Bonne journée • bon zhoorh-ney • bɔn ʒuʀne

(formal) - Pleased to meet you • ravi(e) de vous rencontrer • ra-vee duh voo ra»ng-ko»n-trey • ʀavi də vu ʀɑ̃kɔ̃tʀe

(informal) - Pleased to meet you • heureux / heureuse de te rencontrer • u»-ruh / u»-ru»z duh tuh ra»ng -ko»n-trey • øʀø / øʀøz də tə ʀɑ̃kɔ̃tʀe

See you later • à plus tard • a pl[eey]u tarh • a ply taʀ

See you soon • à bientôt • a bye»(n)-toe • a bjɛ̃to

(formal) - How are you? • Comment allez-vous? • ko-ma»(n) ta-ley voo • kɔmɑ tale vu

(informal) - How are you? • Comment vas-tu? • ko-ma»(n) va t[eey]u • kɔmɑ va ty

Fine, thanks • bien merci • bye»(n) mair-ssee • bjɛ mɛʀsi

I am ok • ça va • ssa va • sa va

I am not very well • Je ne me sens pas bien • zhuh nuh muh ssa»(n) pah bye»(n) • ʒə nə mə sa pa bjɛ

Really? • C'est vrai? • ssey vre • se vʀɛ

Good luck • bonne chance • bon sha»(n)ss • bɔn ʃɑ̃s

May I have …? • Je peux avoir…? • zhuh puh a-vwarh • ʒə pø avwaʀ (formal) - Can you help me? • Est-ce que vous pouvez m'aider? • ess k{uh} voo poo-vey mey-dey • ɛsk vu puve mede

(informal) - Can you help me? • Est-ce que tu peux m'aider? • ess k{uh} t[eey]u puh mey-dey • ɛsk ty pø mede

Does somebody speak English ? • Est-ce que quelqu'un parle anglais ? • ess k{uh} kel-ku»(n) parhl a»ng-gle ? • ɛsk kɛlkœ̃ paʀl ɑ̃glɛ ?

What does it mean? • Qu'est-ce que cela signifie? • kess k{uh} ssu»-la ssee-nee-fee • kɛsk səla siɲifi

Can you repeat it ? • Pouvez vous le répéter ? • poo-vey voo luh rey-pey-tey ? • puve vu lə ʀepete ?

Would you write that down, please ? • Vous pouvez l'écrire, s'il vous plaît ? • voo poo-vey ley-kreer sseel voo ple ? • vu puve lekʀiʀ, sil vu plɛ ?

What is the French for..? • Comment se dit en français ....? • ko-ma»(n) ssuh dee a»(n) fra»(n)-sse • kɔma sə di a fʀɑ̃sɛ

How do you say that in French ? • Comment dites-vous cela en français ? • ko-ma»(n) deet voo ssu»-la a»(n) fra»(n)-sse? • kɔma dit-vu səla a fʀɑ̃sɛ?

I have forgotten the word for ... • J'ai oublié le mot pour dire... • zhey oo-blee-yey luh moe poorh deer ... • ʒe ublije lə mo puʀ diʀ...

How is that pronounced? • Comment est-il prononcé? • ko-ma»(n) ey-teel pro-no»(n)-ssey ? • kɔma e-til pʀɔnɔ̃se ?

Where..? • Où…? • oo • u

When…? • Quand…? • ka»(n) • kɑ

How much / many…? • Combien…? • ko»m-bye»(n) • kɔ̃bjɛ

How long does it take? • Combien de temps faut-il? • ko»m- bye»(n) duh ta»(n) foe-teel • kɔ̃bjɛ də tɑ fo til

Who…? • Qui…? • kee • ki

Why…? • Pourquoi…? • poorh-kwa • puʀkwa

Because • parce que • parh sskuh • paʀsə k(ə)

I'd like… • Je voudrais…• zhuh voo-dre • ʒə vudʀɛ

There is / are • Il y a • eel-ee-ya • ilija

PRESENTATIONS

Mr • Monsieur • mu»-ssyuh • məsjø

Mrs • Madame • ma-dam • madam

Miss • Mademoiselle • mad-mwa-zel • madmwazɛl

(formal) - Do you speak English? • Parlez-vous anglais ? • parh-ley voo a»ng-gle • paʀle vu ɑgle (informal) - Do you speak English? • Parles-tu anglais ? • parhl t[eey]u a»ng-gle • paʀl ty ɑglɛ

I don't understand • Je n'ai pas compris • zhuh ney pa ko»m-pree • ʒə ne pa kɔ̃pʀi

I don't speak French • Je ne parle pas le français • zhuh nuh parhl pah luh fra»(n)-sse • ʒə nə paʀl pɑ lə fʀɑ̃sɛ

(formal) - Can you speak slower? • pouvez-vous parler plus lentement ? • poo-vey voo parh-ley pl[eey]u la»n-tu»-ma»(n) • puve vu paʀle ply lɑ̃təmɑ

(informal) - Can you speak slower? • Tu peux parler plus lentement ? • t[eey]u puh parh-ley pl[eey]u la»n-tu»-ma»(n) • ty pø paʀle ply lɑ̃təmɑ

(formal) - What's your name? • Comment vous vous appelez ? • ko-ma»(n) voo voo-za-pley • kɔmɑ vu vuzap(ə)le

(informal) - What's your name? • Comment tu t'appelles ? • ko-ma»(n) t[eey]u ta-pel • kɔmɑ ty tapɛl

My name is … • Je m'appelle … • zhuh ma-pel • ʒə mapɛl

Nice to meet you • Enchanté(e) • a»(n)-sha»n-tey • ɑʃɑ̃te

(formal) - Do you live here? • Vous habitez ici ? • voo-za-bee-tey ee-ssee • vuzabite isi

(informal) - Do you live here? • Tu habites ici ? • t[eey]u a-beet ee-ssee • ty abit isi (formal) Are you on holiday? • Vous êtes en vacances ? • voo zet a»(n) va-ka»(n)ss • vuz et ɑ vakɑ̃s

(informal) Are you on holiday? • Tu es en vacances ? • t[eey]u ey a»(n) va-ka»(n)ss • ty e ɑ vakɑ̃s

I am presently ... • Je suis pour le moment ... • zhuh swee poorh luh mo-ma»(n) • ʒə sɥi puʀ lə mɔmɑ

> On holiday • en vacance • a»(n) va-ka»(n)ss • ɑ vakɑ̃s
>
> For business • pour les affaires • poorh ley-za-fair • puʀ lesafɛʀ
>
> With my family / friends • avec ma famille / avec mes amis • avek ma fa-mee-y{uh} / a-vek mey-za-mee • avɛk ma famij / avɛk mezami

(formal) - Where are you from? • D'où venez vous ? • doo ve-ney voo • du vəne vu

(informal) - Where are you from? • D'où viens-tu ? • doo vye»(n) t[eey]u • du vjɛn ty

I come from ... • Je viens de ... • zhuh vye»(n) duh • ʒə vjɛ̃ də

This is ... • C'est ... • ssey • se

> my friend • mon ami / amie • mo»(n) namee • mɔ ami
>
> my son • mon fils • mo»(n) feess • mɔ fis
>
> my daughter • ma fille • ma fee-y{uh} • ma fij

my husband • mon mari • mo»(n) ma-ree • mɔ mari

my wife • ma femme • ma fam • ma fam

(formal) - How old are you? • Quel âge avez-vous ? • kel a»zh a-vey voo • kɛl ɑʒ ave vu

(informal) - How old are you? • Quel âge as-tu ? • kel a»zh a t[eey]u • kɛl ɑʒ a ty

I am … years old • J'ai … ans • zhey … a»(n) • ʒe … ɑ

(formal) - What do you do? • Qu'est-ce que vous faites ? • kess-k{uh} voo fet • kɛsk vu fɛt

(informal) - What do you do? • Qu'est-ce que tu fais ? • kess-k{uh} t[eey]u fe • kɛsk ty fɛ

I am a… • Je suis • zhuh sswee • ʒə sɥi

    student • étudiant / étudiante • ey-t[eey]u-dya»(n) / ey-t[eey]u-dya»nt • etydjɑ̃ / etydjɑ̃t

    teacher • enseignant / enseignante • a»(n)-sen-nya»(n) / a»(n)-sen-nya»nt • ɑ̃seɲa / ɑ̃seɲɑ̃t

    worker • ouvrier / ouvrière • oo-vree-yey / oo-vree-yair • uvʀije / uvʀijɛʀ

    housewife • femme au foyer • fam oe fwa-yey • fam o fwaje

    unemployed • chômeur / chômeuse • shoe-meurh / shoe-mu»z • ʃomœʀ / ʃomœ̃z (formal) - Are you married? • Vous êtes marié(e) ? • voo zet ma-ryey • vuz ɛt maʀje

(informal) - Are you married? • Tu es marié(e)? • t[eey]u ey ma-ryey • ty e maʀje

Do you have a boyfriend / girlfriend? • Avez-vous un copain / une copine ? • a-vey-voo u»(n) ko-pe»(n) / [eey]un ko-peen? • ave-vu œ̃ kɔpɛ / yn kɔpin?

I am single • je suis célibataire • zhuh sswee ssey-lee-ba-tair • ʒə sɥi selibatɛʀ

    married • marié(e) • ma-ryey • maʀje

    divorced • divorcé(e) • dee-vorh-ssey • divɔʀse

    widowed • veuf / veuve • vu»f / vu»v • vœf / vœv

FREE TIME

(formal) - Do you like…? • Vous aimez …? • voo zey-mey • vuz eme

(informal) - Do you like…? • Tu aimes …? • t[eey]u em • ty em

I like / don't like… • J'aime / Je n'aime pas … • zhem / zhuh nem pa • ʒem / ʒə nem pa

    Shopping • faire du shopping • fair d[eey]u sho-ping • fɛʀ dy ʃɔpping

Cooking • cuisiner • kwee-zee-ney • kɥizine

Playing • jouer • zhoo-wey • ʒwe

Dancing • danser • da»(n)-ssey • dɑ̃se

Singing • chanter • sha»n-tey • ʃɑ̃te

Listening to music • écouter de la musique • ey-koo-tey duh la m[eey]u-zeek • ekute də la mysik

(formal) - What do you do in your free time? • Qu'est-ce que vous faites dans votre temps libre ? • kess-k{uh} voo fet da»(n) vo-tr{uh} ta»(n) lee-br{uh} • kɛsk vu fɛt dɑ vɔtʀ tɑ libr

(informal) - What do you do in your free time? • Qu'est-ce que tu fais dans ton temps libre ? • kess-k{uh} t[eey]u fe da»(n) to»(n) ta»(n) lee-br{uh} • kɛsk ty fɛ dɑ tɔ tɑ libr

DATES

(formal) - What are you doing this evening? • Qu'est-ce que vous faites ce soir ? • kess-k{uh} voo fet ssuh sswarh • kɛsk vu fɛt se swaʀ

(informal) - What are you doing this evening? • Qu'est-ce que tu fais ce soir ? • kess-k{uh} t[eey]u fe ssuh sswarh • kɛsk ty fɛ se swaʀ

(formal) - Would you like to go...? • voulez vous aller à ...? • voo-ley voo za-ley a • vule vu ale a (informal) - Would you like to go…? • veux-tu aller à …? • vu»-t[eey]u a-ley a • vø tu ale a

(formal) - Do you know a good restaurant? • Connaissez-vous un bon restaurant ? • ko-ne-ssey voo u»(n) bo»(n) re-ssto-ra»(n) • kɔnɛse vu œ̃n bɔ ʀɛstɔʀɑ

(informal) - Do you know a good restaurant? • Connais-tu un bon restaurant ? • ko-ne tu u»(n) bo»(n) re-ssto-ra»(n) • kɔnɛ tu œ̃n bɔ ʀɛstɔʀɑ

Where shall we go? • Où allons-nous ? • oo a-lo»(n)-noo • u alõ-nu

Where will we meet? • Où on se rencontre? • oo o»(n) ssuh ra»ng-ko»n-tr{uh} • u ɔ sə ʀɑ̃kɔ̂tʀ

What time will we meet? • à quelle heure on se rencontre? • a kel eurh o»(n) ssuh ra»ng-ko»n-tr{uh} • a kɛl œʀ ɔ sə ʀɑ̃kɔ̂tʀ

(formal) - Do you want to come with us? • Voulez-vous venir avec nous ? • voo-ley voo vu»-neer a-vek noo • vule-vu vəniʀ avɛk nu

(informal) - Do you want to come with us? • Veux-tu venir avec nous ? • vuh t[eey]u vu»-neer a-vek noo • vø-ty vəniʀ avɛk nu

Let's meet at… • On se rencontre à … • o»(n) ssuh ra»ng-ko»n-tr{uh} • ɔ sə ʀɑ̃kɔ̂tʀ a

I'm looking forward to it • J'attends avec impatience • zha-ta»(n) a-vek e»m-pa-ssya»(n)ss • ʒatɑ avɛk ɛ̃pasjɑ̃s

VISITING THE CITY

Directions

(formal) - Excuse me, can you tell me where *Tour Eiffel* is ? • Excusez-moi, pouvez-vous me dire où se trouve la Tour Eiffel ? • ek-ssk[eey]u-zey-mwa poo-vey voo muh deer oo ssuh troov la toorh ey-fel ? • ɛkskyze-mwa, puve-vu mə diʀ u sə tʀuv la tuʀ eiffel

(informal) - Excuse me, can you tell me where Tour Eiffel is ? • Pardon, peux-tu me dire où se trouve la Tour Eiffel ? • parh-do»(n) puh t[eey]u muh deer oo ssuh troov la toorh ey-fel ? • paʀdɔ̃, pø-ty mə diʀ u sə tʀuv la tuʀ efɛl

Where is the museum? • Où se trouve le musée ? • oo ssuh troov luh m[eey]u-zey • u sə tʀuv lə myze

How can I get there? • Comment je peux arriver ? • ko-ma»(n) zhuh puh a-ree-vey • kɔma ʒə pø aʀive

How far is it? • C'est loin ? • ssey lwe»(n) • se lwɛ

How long does it take on foot ? • Combien de temps cela prend-il à pied ? • ko»m-bye»(n) duh ta»(n) ssu»-la pra»n-teel a pyey ? • kɔ̃bjɛ də ta səla pʀɑ̃-til a pje ?

It takes about fifteen minutes • Il faut une quinzaine de minutes • eel foe [eey]un ke»(n)-zen duh mee-n[eey]ut • il fo yn kɛ̃zɛn də minyt

What's the address? • Quelle est l'adresse ? • kel ey la-dress • kɛl e ladrɛs

(formal) - Turn left / right • Tournez à gauche / droite • toorhn a goesh / drwa»t • tuʀne a goʃ / dʀwat

(informal) - Turn left / right • Tourne à gauche / droite • toorhn a goesh / drwa»t • tuʀn a goʃ / dʀwat

(formal) - Turn at the corner • Tournez au coin • toorh-ney oe kwe»(n) • tuʀne o kwɛ

(informal) - Turn at the corner • Tourne au coin • toorhn oe kwe»(n) • tuʀn o kwɛ

Far • loin • lwe»(n) • twɛ

Near • près • pre • pʀɛ

In front of • devant • du»-va»(n) • dəva

Be»ind • derrière • de-ryair • dɛʀjeʀ

Straight on • droit • drwah • dʀwa

By train • en train • a»(n) tre»(n) • a tʀɛ

By car • en auto • a»n oe-toe • a oto

By bus • en autobus • a»(n) noe-to-b[eey]uss • a otɔbys

On foot • à pieds • a pyey • a pje

Where are the toilets? • Où sont les toilettes ? • oo sso»(n) ley twa-let • u sɔ le twalɛt

Are there are any public toilets nearby please ? • Y a-t-il des toilettes publiques à proximité s'il vous plaît ? • ee ya-teel dey twa-let p[eey]u-bleek a prok-ssee-mee-tey sseel voo ple ? • j- a-til de twalɛt pyblik a pʀɔksimite sil vu plɛ ?

40

Where is …? • Où se trouve …? • oo ssuh troov • u sə tʁuv

Accommodation

What's the address? • Quelle est l'adresse ? • kel ey la-dress • kɛl e ladʁɛs

Where can I find a…? • Où puis-je trouver un / une …? • oo pwee-zhuh troo-vey u»(n) / [eey]un • u pɥi-ʒə tʁuve œ̃n / yn

> Hotel • hôtel • oe-tel • otɛl
>
> Room • chambre • sha»m-br{uh} • ʃɑ̃bʁ
>
> Bed & Breakfast • bed & breakfast • bed u»n brek-fasst • bed ən brekfast

I'd like to book… • je voudrais réserver … • zhuh voo-dre rey-zair-vey • ʒə vudʁɛ ʁezɛʁve

I have got a reservation • j'ai une réservation • zhey [eey]un rey-zair-va-ssyo»(n) • ʒe yn ʁezɛʁvasjɔ̃

From … to … • De… à… • du»… a • də a

Do you have a room? • Vous avez une chambre…? • voo-za-vey [eey]un sha»m-br{uh} • vu zave yn ʃɑ̃bʁ

Single room • chambre individuelle • sha»m-br{uh} e»n-dee-vee-d[eey]u-el • ʃɑ̃bʁ ɛ̃dividɥɛl

Double room • chambre double • sha»m-br{uh} doo-bl{uh} • ʃɑ̃bʁ dubl

41

Twin room • chambre à deux lits • sha»m-br{uh} a duh lee • ʃɑ̃bʀ a dø li

Can I pay by credit card? • Je peux payer avec ma carte de crédit ? • zhuh puh pey-ey a-vek ma karht duh krey-dee • ʒə pø peje avɛk ma kaʀt də kʀedi

When's lunch served? • Quand le déjeuner est servi ? • ka»(n) luh dey-zhu»-ney ey ssair-vee • kɑ lə deʒœne e sɛʀvi

How much does it cost for…? • Combien coûte-t-il pour ? • ko»m-bye»(n) koot teel poorh • kɔ̃bjɛ̃ kut til puʀ

> One night • une nuit • [eey]un nwee • yn nɥi

> Half board • demi pension • du»-mee-pa»(n)-ssyo»(n) • d(ə)mipɑ̃sjɔ

> Full board • pension complète • pa»(n)-ssyo»(n) ko»m-plet • pɑ̃sjɔ kɔ̃plet

May I see the room? • Puis-je voir la chambre ? • pwee-zhuh vwarh la sha»m-br{uh} • pɥi-ʒə vwaʀ la ʃɑ̃bʀ

Do you have some cheaper rooms? • Vous avez des chambres moins chers ? • voo-za-vey dey sha»m-br{uh} mwe»(n) shair • vuzave de ʃɑ̃bʀ mwɛ ʃɛʀ

Is breakfast included? • Le petit-déjeuner est compris ? • le pu»-tee dey-zhu»- ney ey ko»m-pree • lə peti deʒœne e kɔ̃pʀi

Is it possible to add a third bed? • Il est possible d'ajouter un troisième lit ? • eel ey po-ssee-bl{uh} da-zhoo-tey u»(n) trwa-zyem lee • il e pɔsibl daʒute œ̃ tʀwazjɛm li

Can you bring breakfast to the room? • Pouvez vous apporter le petit-déjeuner dans ma chamber ? • poo-vey voo a-porh-tey luh pu»-tee dey-zhu»-ney da»(n) ma sha»m-br{uh} • puve vu apɔʁte lə peti deʒœne dɑ ma ʃɑ̃bʁ

Where can I park the car? • Où puis-je garer ma voiture ? • oo pwee-zhuh ga-rey ma vwa-t[eey]urh• u pɥi-ʒə gaʁe ma vwatyʁ

Can you make up the bill please? • Pouvez vous me préparer l'addition s'il vous plait ? • poo-vey voo muh prey-pa-rey la-dee-ssyo»(n) sseel voo ple • puve vu mə pʁepaʁe ladisjɔ sil vu plɛ

(formal) - Can you recommend me a good hotel? • Pouvez vous me recommender un bon hotel ? • poo-vey voo muh ru»-ko-ma»n-dey u»(n) bo»(n) no-tel • puve vu mə ʁəkɔmɑ̃de œ̃n bɔ otɛl

(informal) - Can you recommend me a good hotel? • Peux-tu me recommender un bon hôtel ? • puh t[eey]u muh ru»-ko-ma»n-dey u»(n) bo»(n) noe-tel • pø ty mə ʁəkɔmɑ̃de œ̃n bɔ otɛl

Thanks for your hospitality • Merci pour votre hospitalité • mair-ssee poorh vo-tr{uh} o-sspee-ta-lee-tey • mɛʁsi puʁ vɔtʁ ɔspitalite

TRAVELLING

What time does the bus leave? • À quelle heure part le bus ? • a kel eurh parh luh b[eey]uss • a kɛl œʁ paʁ lə bys

    Plane • avion • a-vyo»(n) • avjɔ

43

Boat • bateau • ba-toe • bato

Train • train • tre»(n) • trɛ

Ferry • ferry-boat • fey-ree-bot • feʀibot

The plane is delayed • l'avion est retardé • la-vyo»(n) ey ru»-tarh-dey • lavjɔ e ʀətaʀde

TRAIN

The train is cancelled • le train est annullé • luh tre»(n) ney ta-n[eey]u-ley • lə tʀɛ e anyle

From what platform does the train leave for…? • De quelle quai part le train pour …? • duh kel ke parh luh tre»(n) poorh • də kɛl kɛ paʀ lə tʀɛ puʀ

The train leaves from platform no.2 • le train part du quai numéro 2 • luh tre»(n) parh d[eey]u ke n[eey]u-mey-roe duh • lə tʀɛ paʀ dy kɛ nymeʀo dø

Where is…? • Où se trouve …? • oo ssuh troov • u se tʀuv

    The dining car • le wagon-restaurant • luh va-go»(n) re-ssto-ra»(n) • lə vagɔʀɛstɔʀɑ

    The sleeping car • le wagon-lit • luh va-go»(n)-lee • lə vagɔ̃li

    The berths • la couchette • la koo-shet • la kuʃɛt

Where can I buy the ticket? • Où puis-je acheter le billet ? • oo pwee-zhash-tey luh bee-ye • u pɥi-ʒaʃte lə bijɛ

How much does a ticket to Paris cost? • Combien coût un billet pour Paris ? • ko»m-bye»(n) koot u»(n) bee-yey poorh pa-ree • kɔ̃bjɛ kut œ̃n bijɛ puʀ paʀi

First class • première classe • pru»-myair klass • pʁəmjɛʁ klas

Second class • deuxième classe • du»-zyem klass • døzjɛm klas

One-way • aller simple • a-ley ssa»m-pl{uh} • ale sɛ̃pl

Return • aller-retour • a-ley-ru»-toorh • aleʁətuʁ

Discount ticket • billet à tarif réduit • bee-ye a ta-reef rey-dwee • bijɛ a taʁif ʁedɥi

I'd like a seat • Je voudrais une place… • zhuh voo-dre [eey]un plass • ʒə vudʁɛ yn plas

Aisle • couloir • koo-lwarh • kulwaʁ

Non-smoking • non-fumeur • no»(n) f[eey]u-meurh • nɔ fymœʁ

Window • côté fenêtre • koe-tey fu»-ne-tr{uh} • kote fənɛtʁ

Is this seat free? • Ce siège est libre ? • ssuh ssyezh ey lee-br{uh} • sə sjɛʒ e libʁ

Do I have to pay a supplement? • Dois-je payer un supplément ? • dwa zhuh pey-ey u»(n) ss[eey]u-pley-ma»(n) • dwa ʒə peje œ̃ syplemɑ

Has the 10:00 train already departed ? • Le train de 10:00 est déjà parti ? • luh tre»(n) duh dee zeurh ey dey-zha parh-tee ? • lə tʁɛ də diz œʁ e deʒa paʁti ?

45

My luggage didn't arrive • Mes bagages ne sont pas arrivés pas • mey ba-gazh nu»-sso»(n) pa za-ree-vey • me bagaʒ nə sɔ pa aʀive

CAR

speed limit • limite de vitesse • lee-meet duh vee-tess • limit də vitɛs

one way • sens unique • ssa»(n)ss [eey]u-neek • sɑ ynik

no parking • stationnement interdit • ssta-ssyon-ma»(n) e»n-tair-dee • stasjɔnmɑ ɛtɛʀdi

Where can I get a taxi ? • où puis-je trouver un taxi ? • oo pwee zhuh troo-vey u»(n) tak-ssee ? • u pɥi-ʒ tʀuve œ̃ taksi ?

Can you show me the way to…? • Pouvez-vous m'indiquer la direction pour …? • poo-vey voo me»n-dee-key la dee-rek-ssyo»(n) poorh • puve vu mɛ̃dike la diʀɛksjɔ puʀ

Does this road lead to…? • Cette rue mène à …? • sset r[eey]u men a • sɛt ʀy mǝne a

Can you show me on this map where I am? • Pouvez-vous m'indiquer sur cette carte où je suis ? • poo-vey voo me»n-dee-key ss[eey]urh sset karht oo zhuh sswee • puve vu mɛ̃dike syʀ sɛt kaʀt u ʒə sɥi

I would like to rent a car • Je voudrais louer une voiture • zhuh voo-dre loo-wey [eey]un vwa-t[eey]urh • ʒə vudʀɛ lue yn vwatyʀ

How much is daily for hire? • C'est combien la location par jour?• ssey ko»m-bye»(n) la lo-ka-ssyo»(n) parh zhoorh • se kɔ̃bjɛ la lɔkasjɔ paʀ ʒuʀ

Petrol station • Station service • ssta- ssyo»(n) ssair-veess • stasjɔ sɛʀvis

Fill it up, please • Le plein, s'il vous plaît • luh ple»(n) sseel voo ple • lə plɛ sil vu plɛ

> Unleaded petrol • essence sans plomb • ey-ssa»(n)ss ssa»(n) plo»(n) • esɑ̃s sɑ plɔ
>
> Diesel • gazole • ga-zol • ɡazɔl
>
> LPG • GPL • zhey pey el • ʒe pe ɛl

Please check the tires • veuillez vérifier les pneus • vu»-yey vey-ree-fyey ley pnuh • vœje veʀifje le pnø

Can I park here? • Est-ce que je peux stationner ici ? • ess-k{uh} zhuh puh ssta-ssyo-ney ee-ssee • esk ʒə pø stasjɔne isi

I have had an accident • J'ai eu un accident • zhey [eey]u u»(n) nak-ssee-da»(n) • ʒe y œ̃ naksidɑ

I have got a puncture • J'ai eu une crevaison • zhey [eey]un kru»-ve-zo»(n) • ʒe yn kʀəvɛzɔ

I have run out of petrol • Je n'ai plus d'essence • zhuh ney pl[eey]u dey-ssa»(n)ss • ʒə ne ply desɑ̃s

The battery is flat • la batterie est à plat • la ba-tree ey ta pla • la batʀi et- a pla

47

The car doesn't start • La voiture ne démarre pas • la vwat-t[eey]urh nuh dey-marh pa • la vwatyʁ nə demaʁ pa

I need a mechanic • J'ai besoin d'un mécanicien • zhey bu»-zwe»(n) du»(n) mey-ka-nee-ssye»(n) • ʒe bəzwɛ dyn mekanisjɛ

Can you fix it today? • Vous pouvez la réparer aujourd'hui ? • voo poo-vey la rey-pa-rey oe-zhoorh-dwee • vu puve la ʁepaʁe ripa'rare oʒuʁdɥi

BORDERS

(formal) - Where are you from ? • D'ou venez-vous? • doo vu»-ney voo ? • du vəne-vu?

(informal) - Where are you from ? • D'ou viens-tu? • doo vye»(n) t[eey]u ? • du vjɛ̃-ty?

I am from… • Je viens de … • zhuh vye»(n) duh … • ʒə vjɛ də …

'De' will contract differently depending on what follows it, so "I am…" = "Je viens…

…from the USA • des États-Unis • dey zey-ta-z[eey]u-nee • de zetazyni

…from the UK • du Royaume-Uni • d[eey]u rwa-yo»m-[eey]u-nee • dy ʁwajomyni

...from Australia • de l'Australie • duh lɔ-sstra-lee • d(ə) lostʀali

...from New Zealand • de la Nouvelle-Zélande • la noo-vel-zey-la»nd • d(ə) la nuvɛlzelɑ̃d

...from Germany • de l'Allemagne • duh lal-ma-ny{uh} • d(ə) lalmaɲ

...from France • de la France • duh la fra»(n)ss • d(ə) la fʀɑ̃s

passport • passeport • pass-porh • paspɔʀ

visa • visa • vee-za • viza

customs • douane • dwan • dwan

immigration • immigration • ee-mee-gra-ssyo»(n) • imigʀasjɔ

purpose of visit • but de la visite • b[eey]ut duh la ve-zeet • by də la vizit

I am on holiday • Je suis en vacances • zhuh sswee za»(n) va-ka»(n)ss • ʒə sɥiz- ɑ vakɑ̃s

I am here on business • Je suis ici pour travailler • zhuh sswee zee-ssee poorh tra-va-yey • ʒə sɥiz- isi puʀ tʀavaje

I am travelling on my own • je voyage seul(e) • zhuh vwa-yazh ssu»l • ʒə vwajaʒ sœl

49

with my family • avec ma famille • a-vek ma fa-mee-y{uh} • avɛk ma famij

in a group • en groupe • a»(n) groop • ɑ gʀup

I have a ... • J'ai un... • zhey u»(n) ... • ʒe œ̃ ...

work permit • permis de travail • pair-mee duh tra-vay{uh} • pɛʀmi də tʀavaj

residency permit • permis de résidence • pair-mee duh rey-zee-da»(n)ss • pɛʀmi də ʀezidɑ̃s

study permit • permis d'études • pair-mee dey-t[eey]ud • pɛʀmi detyd

AT THE RESTAURANT

(formal) - Excuse me! • Excusez-moi ! • ek-ssk[eey]u-zey mwa • ɛkskyze mwa

(informal) - Excuse me! • Excuse-moi ! • ek-ssk[eey]uz mwa • ɛkskyz mwa

Can you recommend a good ...? • Pouvez-vous me recommander un bon / une bonne ...? • poo-vey voo muh ru»-ko-ma»n-dey u»(n) bo»(n) / [eey]un bon • puve vu me ʀəkɔmɑ̃de œ̃ bɔ / yn bɔn

Restaurant • un bon restaurant • u»(n) bo»(n) re-ssto-ra»(n) • œ̃ bɔ ʀɛstɔʀɑ

50

Café • un bon café • u»(n) bo»(n) ka-fey • œ̃ bɔ kafe

Pizzeria • une bonne pizzeria • [eey]un bon peet-ze-rya • yn bɔn pitsɛrja

Take away • un bon magasin de plats à emporter • u»(n) bo»(n) ma-ga-ze»(n) duh pla a a»m-porh-tey • œ̃ bɔ magazẽ də pla a ɑ̃pɔʀte

I would like to reserve a table • Je voudrais réserver une table • zhuh voo-dre rey-zair-vey [eey]un ta-bl{uh} • ʒə vudʀɛ ʀezɛʀve yn tabl

I would like a table for two • Je voudrais une table pour deux • zhuh voo-dre [eey]un ta-bl{uh} poorh duh • ʒə vudʀɛ yn tabl puʀ dø

I am waiting for friends • J'attends mes amis • zha-ta»(n) mey za-mee • ʒatɑ̃: mez- ami

(formal) - What would you like? • Qu'est-ce que vous voulez ? • kess-k{uh} voo voo-ley • kɛsk vu vule

(informal) - What would you like? • Qu'est-ce que tu veux ? • kess-k{uh} t[eey]u vuh • kɛsk ty vø

(formal) - Do you like…? • Est-ce que vous aimez…? • ess k{uh} voo ze-mey • ɛsk vuz eme

(informal) - Do you like…? • Est-ce que tu aimes…? • ess k{uh} t[eey]u em • ɛsk ty em

Do you serve breakfast / lunch / dinner ? • Vous servez le petit déjeuner / déjeuner / dîner ? • voo ssair-vey luh pu»-

tee dey-zhu»-ney / dey-zhu»-ney / dee-ney ? • vu sɛrve lə pəti deʒœne / deʒœne / dine ?

Do you have vegetarian food? • Vous avez de la nourriture végétarienne ? • voo za-vey duh la noo-ree-t[eey]urh vey-zhey-ta-rye»(n) ? • vuz- ave də la nurityʀ veʒetaʀjɛn ?

I don't eat pork • je ne mange pas du porc • zhuh nuh ma»(n)zh pah duh porh • ʒə nə mɑ̃ʒ pa də pɔʀ

(formal) - What would you recommend? • Qu'est-ce que vous me recommandez ? • kess-k{uh} voo muh ru»-ko-ma»n-dey • kɛsk vu mə ʀəkɔmɑ̃de

(informal) - What would you recommend? • Qu'est-ce que tu me recommandes ? • kess-k{uh} t[eey]u muh ru»-ko-ma»nd • kɛsk ty mə ʀəkɔmɑ̃d

I suggest... • Je suggère... • zhuh ss[eey]ug-zhair • ʒə sygʒeʀ

Do you have a menu? • Vous avez un menu ? • voo-za-vey u»(n) mu»-n[eey]u • vuzave œ̃ məny

Can you bring me the wine list? • Vous pouvez m'apporter la carte des vins ? • voo poo-vey ma-porh-tey la karht dey ve»(n) • vu puve mapɔʀte la kaʀt de vɛ

I'd like to drink ... • J'aimerais boire... • zhe-mu»-re bwarh • ʒɛm(ə)ʀe bwaʀ

...some mineral water • de l'eau minérale • duh loe mee-ney-ral • d(ə) lo mineʀal

…some natural water • de l'eau naturelle • duh loe nat[eey]u-rel • d(ə) lo natyʀɛl

…some sparkling water • de l'eau gazeuse • duh loe ga»-zu»z • d(ə) lo gazøz

…some white wine • du vin blanc • d[eey]u ve»(n) bla»(n) • dy vɛ blɑ

…some red wine • du vin rouge • d[eey]u ve»(n) roozh • dy vɛ ʀuʒ

…some dry wine • du vin sec • d[eey]u ve»(n) ssek • dy vɛ sɛk

…some sweet wine • du vin doux • d[eey]u ve»(n) doo • dy vɛ du

What do you have for dessert ? • Qu'est-ce que vous avez pour le dessert ? • kess-k{uh} voo za-vey poorh luh dey-ssair ? • kɛsk vuz-ave puʀ lə desɛʀ ?

How long is the wait? • Il faut attendre combien de temps ? • eel foe a-ta»n-dr{uh} ko»m-bye»(n) duh ta»(n) • il fo atɑ̃dʀ kɔ̃bjɛ də tɑ

What's your speciality? • Quelle est votre spécialité ? • kel ey vo-tr{uh} sspey-ssya-lee-tey • kɛl e vɔtʀ spesjalite

I'd like a local speciality • Je voudrais une spécialité locale • zhuh voo-dre [eey]un sspey-ssya-lee-tey lo-kal • ʒə vudʀɛ yn spesjalite lɔkal

What are the ingredients in this dish? • Quels sont les ingrédients de ce plat ? • kel sso»(n) ley ze»(n)-grey-dya»(n) duh ssuh pla • kɛl sɔ lez ɛgʀedja də sə pla

chicken • poulet • poo-le • pulɛ

beef • bœuf • bu»f • bœf

fish • poisson • pwa-sso»(n) • pwasɔ

sausage • saucisse • ssoe-sseess • sosis

ham • jambon • zha»m-bo»(n) • ʒɑbɔ

cheese • fromage • fro-mazh • fʀɔmaʒ

eggs • œufs • uh • ø

salad • salade • ssa-lad • salad

vegetables • légumes • ley-g[eey]um • legym

fruit • fruits • frwee • fʀɥi

bread • pain • pe»(n) • pɛ

pasta • pâte • pat • pat

rice • riz • ree • ʀi

beans • haricots • a-ree-koe • aʀiko

peas • petits pois • pu»-tee pwah • pəti pwɑ

54

May I have some … ? • Est-ce que je peux avoir du / de la / des / de l' ... ? • ess k{uh} zhuh puh a-vwarh d[eey]u / duh la / dey / duh l' … ? • ɛsk ʒə pø avwaʀ dy / d(ə) la / de / d(ə) l... ?

...some salt • du sel • d[eey]u ssel • dy sɛl

...some sugar • du sucre • d[eey]u ss[eey]u-kr{uh} • dy sykʀ

...some pepper • du poivre • d[eey]u pwa-vr{uh} • dy pwavʀ

...some butter • du beurre • d[eey]u beurh • dy bœʀ

...some olive oil • de l'huile d'olive • duh lweel do-leev • d(ə) lɥil dɔliv

Is the cover charge included in the bill? • Le couvert est-il inclu dans l'addition ? • luh koo-vair ey-teel e»(n)-kl[eey]u da»(n) la-dee-ssyo»(n) • lə kuvɛʀ etil ɛ̃kly dɑ ladisjɔ

Enjoy your meal • Bon appétit • bo»(n) na-pey-tee • bɔ̃n-apeti

It's my round • C'est ma tournée • ssey ma toorh-ney • sɛ ma tuʀne

(formal) - You can keep the change • Vous pouvez garder le reste • voo poo-vey garh-dey luh resst • vu puve gaʀde lə ʀɛst

55

(informal) - You can keep the change • tu peux garder le reste • t[eey]u puh garh-dey luh resst • ty pø gaʀde lə ʀɛst

Waiter! May I have…? • Monsieur! Je peux avoir…? • mu»-ssyuh zhuh puh a-vwarh • məsjø ʒə pø avwaʀ

Can I taste it? • Je peux le / la goûter ? • zhuh puh luh / la goo-tey • ʒə pø lə / la gute

I'd like it … • Je le / la voudrais…• zhuh luh / la voo-dre • ʒə lə / la vudʀɛ

    roast • roti(e) • roe-tee • ʀoti

    baked • au four • oe foorh • o fuʀ

    grilled • grillé(e) • gree-yey • gʀije

    raw • cru(e) • kr[eey]u • kʀy

    rare • saignant / saignante • ssen-ya»(n) / ssen-ya»nt • sɛɲa / sɛɲat̃

    cooked • cuit / cuite • kwee / kweet • kɥi / kɥit

    well-done • bien cuit / bien cuite • bye»(n) kwee / bye»(n) kweet • bjɛ kɥi / bjɛ kɥit

    steamed • à l'étouffée • a ley-too-fey • a letufe

    boiled • bouilli(e) • boo-yee • buji

    fried • frit / frite • free / freet • fʀi / fʀit

    fresh • frais / fraîche • frc /fresh • fʀɛ / fʀɛʃ

    frozen • congelé(e) • ko»(n)-zhu»-ley • kõʒle

without ... • sans… • ssa»(n) • sa

The check, please • l'addition, s'il vous plaît • la-dee-ssyo»(n) sseel voo plε • ladisjɔ sil vu plɛ

Do you accept credit cards? • Acceptez-vous les cartes de crédit ? • ak-ssep-tey voo ley karht duh krey-dee • aksɛpte vu le kaʀt də kʀedi

I love this dish • J'adore ce plat • zha-dorh ssuh pla • ʒadɔʀ sə pla

I'm full • J'ai assez mangé • zhey a-ssey ma»(n)-zhey • ʒe ase mɑ̃ʒe

My compliments to the chef! • Mes compliments au chef ! • mey ko»m-plee-ma»(n) oe shef • me kɔ̃plima o ʃɛf

MONEY

How much does it cost ? • Combien ça coûte-t-il ? • ko»m-bye»(n) ssa koot-teel ? • kɔ̃bjɛ̃ sa kut-til ?

Do you accept Euros/ Dollars ? • Acceptez-vous les Euros / Dollars ? • ak-ssep-tey voo ley zu»-roe / ley do-larh ? • aksɛpte-vu øʀo / dɔlaʀ ?

May I pay with a credit card ? • Puis-je payer avec une carte de crédit ? • pwee zhuh pey-yey a-vek [eey]un karht duh krey-dee ? • pɥi-ʒ peje avɛk yn kaʀt də kʀedi ?

Where's the nearest foreign exchange office ? • Où est luh bureau de change luh plus proche ? oo ey luh b[eey]u-roe duh sha»(n)zh luh pl[eey]u prosh ? • u e lə byʀo də ʃɑ̃ʒ lə ply pʀɔʃ ?

    bank • banque • ba»ngk • bɑ̃k

    cash point • distributeur • dee-sstree-b[eey]u-teurh • distʀibytœʀ

I need to ... • J'ai besoin de... • zhey bu»-zwe»(n) duh ... • ʒe bəzwɛ də ...

    change money • changer de l'argent • sha»(n)-zhey duh larh-zha»(n) • ʃɑ̃ʒe də laʀʒɑ

    withdraw money • retirer de l'argent • ru»-tee-rey duh larh-zha»(n) • ʀətiʀe də laʀʒɑ

    change a cheque • changer un chèque • sha»(n)-zhey u»(n) shek • ʃɑ̃ʒe œ̃ ʃɛk

    get a cash advance • retirer avec la carte de crédit • ru»-tee-rey a-vek la karht duh krey-dee • ʀətiʀe avɛk la kaʀt də kʀedi

What's the commission ? • Quelle est la commission ? • kel ey la ko-mee-ssyo»(n)? • kɛl e la kɔmisjɔ ?

It's free • C'est gratuit • sse gra-twee • sɛ gʀatɥi

What's the exchange rate ? • Quel est luh taux de change ? • kel ey luh toe duh sha»(n)zh ? • kɛl e lə to də ʃɑ̃ʒ ?

euros • euros • u»-roe • øʀo

pounds • livres • lee-vr{uh} • livʀ

dollars • dollars • do-larh • dɔlaʀ

SHOPS AND SERVICES

Where can I buy ...? • Où puis-je acheter...? • oo pwee zhash-tey • u pɥi-ʒaʃte

I am looking for... • je cherche ... • zhuh shairsh • ʒə ʃɛʀʃ

> a butcher shop • une boucheri e • [eey]un boo-shree • yn buʃʀi

> a bakery • une boulangerie • [eey]un boo-la»(n)-zhree • yn bulɑ̃ʒʀi

> a pastry shop • une pâtisserie • [eey]un pa»-teess-ree • yn patisʀi

> a greengrocer • un marchand de légumes • u»(n) marh-sha»(n) duh ley-g[eey]um • œ̃ maʀʃɑ də legym

> a supermarket • un supermarché • u»(n) ss[eey]u-pair-marh-shey • œ̃ sypɛʀmaʀʃe

59

a grocery • une épicerie • [eey]un ey-pee-ssree • yn episʀi

Can I try it? • Je peux l'essayer ? • zhuh puh ley-ssey-ey • ʒə pø leseje

Where's the fitting room ? • Où est la cabine d'essayage ? • oo-ey la ka-been dey-sse-yazh ? •u e la kabin desɛjaʒ ?

What size do you take ? • Quelle taille prenez-vous ? • kel ta»-y{uh} pru»-ney voo ? • kɛl taj pʀəne-vu ?

How much does it cost? • Combien coûte-t-il ? • ko»m-bye»(n) koot teel • kɔ̃bjɛ kut til

It's too expensive, do you have something cheaper? • C'est trop cher, vous avez quelque chose de moins cher ? • ssey troe shair voo zavey kel-k{uh} shoez duh mwe»(n) shair • se tʀo ʃɛʀ vuz ave kɛlk ʃoz də mwɛ ʃɛʀ

I can't afford this • Je ne peux pas me luh permettre • zhuh nuh puh pah muh luh pair-me-tr{uh} • ʒə nə pø pa mə lə pɛʀmɛtʀ

Do you have this in my size ? • Avez-vous cela dans ma taille ? • a-vey voo ssu»-la da»(n) ma ta»-y{uh} ? •ave-vu səla da ma taj ?

I'll take it • Je vais le prendre • zhuh ve luh pra»n-dr{uh} • ʒə vɛ lə pʀɑ̃dʀ

Can you put it in a bag? • Pouvez vous luh mettre dans un sac ? • poo-vey voo luh me-tr{uh} da»(n) zu»(n) ssak • puve vu lə mɛtʀ dɑ œ̃ sak

ART

I'm interested in ... art • Je suis intéressé par l'art... • zhuh sswee ze»n-tey-re-ssey parh larh ... • ʒə sɥiz- ɛteʀɛse paʀ laʀ ...

classic • classique • kla-sseek • klasik

romanesque • romanesque • ro-ma-nessk • ʀɔmanɛsk

gothic • gothique • go-teek • gɔtik

medieval • médiéval • mey-dyey-val • medjeval

renaissance • de la reinassance • duh la ru»-ne-sa»(n)ss • də la ʀ(ə)nɛsɑ̃s

modernist • moderniste • mo-dair-neesst • mɔdɛʀnist

futurist • futuriste • f[eey]u-t[eey]u-reest • fytyʀist

contemporary • contemporain • ko»n-ta»m-po-re»(n) • kɔ̃tɑ̃pɔʀɛ

Where is the museum ? • Où se trouve le musée ? • oo ssuh troov luh m[eey]u-zey ? • u sə tʀuv lə myze ?

exhibition • exposition • ek-sspoe-zee-ssyo»(n) • ɛkspozisjɔ

gallery • galerie • gal-ree • galʀi

picture gallery • galerie de tableaux • gal-ree duh ta-bloe • galʀi də tablo

When's the museum open ? • Quand luh musée est-il ouvert ? • ka»(n) luh m[eey]u-zey ey-teel oo-vair ? • kɑ lə myze e-til uvɛʀ ?

(formal) What kind of art are you interested in ? • Quel genre d'art vous intéresse ? • kel zha»(n)-r{uh} darh voo ze»n-tey-ress ? • kɛl ʒaʀ daʀ vuz- ɛ̃teʀɛs ?

(informal) What kind of art are you interested in ? • Quel genre d'art t'intéresse ? • kel zha»(n)-r{uh} darh te»n-tey-ress ? • kɛl ʒaʀ daʀ tɛ̃teʀɛs ?

painting • peinture • pe»n-t[eey]urh • pɛ̃tyʀ

sculpture • sculpture •ssk[eey]ul-t[eey]urh • skyltyʀ

architecture • architecture • arh-shee-tek-t[eey]ur • aʀʃitɛktyʀ

criticism • critique • kree-teek • kʀitik

HEALTH

I need a doctor • J'ai besoin d'un médecin • zhey bu»-zwe»(n) du»(n) mey-dsse»(n) • ʒe bəzwɛ dœ̃ medsɛ

Where is ...? • Où se trouve ...? • oo ssuh troov ... ? •u sə tʀu:v ...?

    the hospital • l'hôpital • lo-pee-tal • lɔpital

    the pharmacy • la pharmacie • la farh-ma-ssee • la faʀmasi

    the dentist • luh dentiste • luh da»n-teesst • lə dɑ̃tist

    urgent care • la salle d'urgence • la sal d[eey]urh-zha»(n)ss • la sal dyʀʒɑ̃s

    first aid • premiers secours • pru»-myey ssu»-koorh • pʀəmje s(ə)kuʀ

Call an ambulance • Appelez une ambulance • a-pley [eey]un a»m-b[eey]u-la»(n)ss • aple yn ɑ̃bylɑ̃s

I need to be admitted to the hospital • J'ai besoin d'être admis(e) à l'hôpital • zhey bu»-zwe»(n) de-tr{uh} ad-mee(z)a lo-pee-tal •ʒe bəzwɛ dɛtʀ admi(z) a lɔpital

I have got medical insurance • J'ai l' assurance médicale • zhey la-ss[eey]u-ra»(n)ss mey-dee-kal • ʒe l'asyʀɑ̃s medikal

I hit my head • je me suis cogné la tête • zhuh muh sswee ko»(n)-nyey la tet • ʒə mə sɥi kɔɲe la tɛt

I have lost a lot of blood • J'ai perdu beaucoup de sang • zhey pair-d[eey]u boe-koo duh ssa»(n) • ʒe pɛʀdy boku də sɑ

Can you give me something for the pain? • Pouvez-vous me donner quelque chose pour la douleur ? • poo-vey voo muh do-ney kel-kuh shoez poorh la doo-leurh ? • puve-vu mə dɔne kɛlkə ʃoz puʀ la dulœʀ ?

I am sick • Je suis malade • zhuh sswee ma-lad • ʒə sɥi malad

I've been injured • J'ai été blessé • zhey ey-tey ble-sey • ʒe ete blɛse

I have ... • J'ai ... • zhey • ʒe ...

    a temperature • la fièvre • la fye-vr{uh} • la fjɛvʀ

    a cold • un rhume • u»(n) r[eey]um • lə ʀym

    a migraine • la migraine • la mee-gren • la migʀɛn

    a cough • la toux • la too • la tu

    a headache • mal à la tête • mal a la tet • mal a la tɛt

    a stomachache • mal au ventre • mal oe va»n-tr{uh} • mal o vɑ̃tʀ a toothache • mal aux dents • mal oe da»(n) • mal o dɑ

a sore throat • mal à la gorge • mal a la gorhzh • mal a la gɔʀʒ

a pain in my leg • une douleur dans la jambe • [eey]un doo-leurh da»(n) la zha»mb • œ̃ dulœʀ dɑ la ʒɑb

I am suffering from ... • Je souffre de... • zhuh ssoo-fr{uh} duh ... • ʒə sufʀ də...

Have you got anything for ... ? • Vous avez quelque chose pour... ? • voo-za-vey kel-kuh shoez poorh ... ? • vuz- ave kɛlkə ʃoz puːʀ... ?

Can you recommend anything for ... ? • Pouvez-vous recommander quelque chose pour... ? • poo-vey voo ru»-ko-ma»n-dey kel-kuh shoez poorh ... ? • puve-vu ʀəkɔmɑ̃de kɛlkə ʃoz puːʀ... ?

indigestion • l'indigestion •le»n-dee-zhe-sstyo»(n) • lɛ̃diʒɛstjɔ

diarrhoea • la diarrhée •la dya-rey • la djaʀe

travel sickness • la maladie de voyage • la ma-la-dee duh vwa-yazh • la maladi də vwajaʒ

It's only available on prescription • Il est uniquement disponible sur ordonnance • eel ey t[eey]u-neek-ma»(n) dee-sspo-nee-bl{uh} ss[eey]urh orh-do-na»(n)ss • il etynikma disponibl syʀ ɔʀdɔnɑ̃s •

I am diabetic • Je suis diabétique • zhuh sswee dya-bey-teek • ʒə sɥi djabetik

I am asthmatic • Je suis asthmatique • zhuh sswee zass-ma-teek • ʒə sɥiz- asmatik

I am epileptic • Je suis épileptique • zhuh sswee ey-pee-lep-teek • ʒə sɥiz- epilɛptik

I have got my period • J'ai mes règles • zhey mey re-gl{uh} • ʒe me ʀɛgl

I am pregnant • Je suis enceinte • zhuh sswee za»(n)-sse»nt • ʒə sɥiz- ɑ̃sɛ̃t

I have got my contractions • J'ai les contractions • zhey ley ko»n-trak-ssyo»(n) • ʒe le kɔ̃tʀaktjɔ̃

ALLERGIES AND FOOD INTOLLERANCES

(formal) - Are you allergic to anything? • Vous êtes allergique à quelque chose ? • voo zet a-lair-zheek a kel-kuh shoez ? • vuz- ɛt alɛʀʒik a kɛlkə ʃoz ?

66

(informal) - Are you allergic to anything? • Tu es allergique à quelque chose ? • t[eey]u e a-lair-zheek a kel-kuh shoez ? • ty ɛ alɛʀʒik a kɛlkə ʃoz ?

I am allergic to… • Je suis allergique au / à la / aux / à l' ... • zhuh sswee a-lair-zheek oe / a la / oe / a l' ... • ʒə sɥi alɛʀʒik o / a la / o / a l ...

    antiobiotics • aux antibiotiques • oe za»n-tee-byo-teek • o zɑ̃tibjɔtik

    pollen • au pollen • oe po-len • o pɔlɛn

    penicillin • à la pénicilline • a la pey-nee-ssee-leen • a la penisilin

    bee stings • aux piqûres d'abeille • oe pee-k[eey]ur da-be-y{uh} y • o pikyʀ dabɛj

    gluten • au gluten • oe gl[eey]u-ten • o glytɛn

    seafood • aux fruits de mer • oe frwee duh mair • o fʀɥi də mɛʀ

    shellfish • aux crustacés • oe kr[eey]u-ssta-ssey • o kʀystase

Is this ... ? • Est-ce que c'est ... ? • ess k{uh} sse ... ? • ɛsk sɛ ... ?

cholesterol-free • sans cholestérol • ssa»(n) ko-le-sstey-rol • sɑ kɔlɛsteʀɔl

gluten-free • sans gluten • ssa»(n) gl[eey]u-ten • sɑ glytɛn

salt-free • sans sel • ssa»(n) ssel • sɑ sɛl

genetically modified • génétiquement modifié • zhey-ney-teek-ma»(n) mo-dee-fyey • ʒenetikmɑ mɔdifje

low sugar • faible teneur en sucre • fe-bl{uh} tu»-neurh a»(n) ss[eey]u-kr{uh} • fɛbl tənœʀ ɑ sykʀ

SERVICES FOR DISABLED PEOPLE

Reserved for Disabled • Réservé aux personnes handicapées • rey-zair-vey oe pair-sson za»n-dee-ka-pey • ʀezɛʀve o pɛʀsɔn ɑ̃dikape

I am disabled • Je suis handicapé • zhuh sswee za»n-dee-ka-pey • ʒə sɥi ɑ̃dikape

blind • aveugle • a-vu»-gl{uh} • avœgl

deaf • sourd • ssoorh •suʀ

(formal) - Do you have services for disabled people? • Avez-vous des services pour les personnes handicapées ? •

68

a-vey voo dey ssair-veess poorh ley pair-sson za»n-dee-ka-pey ? • avɛ - vu de sɛrvis pur lɛ pɛrsɔn ɑ̃dikape

(informal) - Do you have services for disabled people? • As-tu des services pour les personnes handicapées ? • a t[eey]u dey ssair-veess poorh ley pair-sson za»n-dee-ka-pey ? • a - ty de sɛrvis pur le pɛrsɔn ɑ̃dikape ?

I have got ... a wheelchair • J'ai ... un fauteuil roulant • zhey... u»(n) foe-tu»y roo-la»(n) • ʒe ... œ̃ fotœj rulɑ

    a hearing aid • une prothèse auditive • [eey]un pro-tez oe-dee-teev • yn prɔtɛz oditiv

    a pacemaker • un stimulateur cardiaque • u»(n) sstee-m[eey]u-la-teurh karh-dee-yak • œ̃ stimylatœr kardjak

Is/are there ... ? • Est-ce qu'il y a ... ? • ess keel ee-ya ... ? • ɛskil j- a ... ?

    toilets for the disabled • des toilettes pour les personnes handicapées • dey twa-let poorh ley pair-sson za»n-dee-ka-pey • de twalɛt pur le pɛrsɔn ɑ̃dikape

    a access for the disabled • un accès pour les personnes handicapées • u»(n) nak-sse poorh ley pair-sson za»n-dee-ka-pey • œ̃ naksɛ pur le pɛrsɔn ɑ̃dikape a ramp access • une rampe d'accès • [eey]un ra»mp dak-sse • yn ʀɑ̃p daksɛ

a lift • un ascenseur • u»(n) na-ssa»(n)-sseurh • œ̃ nasɑ̃sœʀ

EMERGENCIES

Danger • Danger • da»(n)-zhey • dɑ̃ʒe

Do not touch • Ne pas toucher • nuh pah too-shey • nə pa tuʃe

Break glass • Briser le verre • bree-zey luh vair • bʀize lə vɛʀ

Help ! • Au secours ! • oe ssu»-koorh ! • o səkuʀ !

Fire ! • Au feu ! • oe fuh ! • o fø !

Stop ! • Arretez-vous ! • a-rey-tey voo ! • aʀete vu !

Get out now ! • Sortez tout de suite ! • ssorh-tey too duh ssweet ! • sorte tu de sɥit !

Run ! • cours ! • koorh ! • kuʀ !

Call the police, please • Appelez la police, s'il vous plaît • a-pley la po-leess sseel voo ple • aple la pɔlis, sil vu plɛ

fireman • pompier • po»m-pyey • pɔ̃pje

It's an emergency ! • C'est urgent ! • sse t[eey]urh-zha»(n) ! • sɛt- yʀʒa !

(formal) - Could you help me please? • Pourriez-vous m'aider s'il vous plaît ? • poo-ree-yey voo mey-dey sseel voo ple ? • puʀje-vu mɛde sil vu plɛ ?

(informal) - Could you help me please? • Peux-tu m'aider s'il te plaît ? • puh t[eey]u me-dey sseel tuh pleh ? • pø-ty mɛde sil tə plɛ ?

Where is the police station? • Où se trouve le poste de police ? • oo ssuh troov luh posst duh po-leess ? • u sə tʀuv lə pɔst də pɔlis ?

    embassy • ambassade • a»m-ba-ssad • ɑ̃basad

    consulate • consulat • ko»(n)-ss[eey]u-la • kɔ̃syla

I have been … • J'ai été … • zhey ey-tey … • ʒe ete …

    robbed • volé • vo-ley • vɔle

    raped • violé • vyo-ley • vjɔle

    assaulted • agressé • a-gre-ssey • agʀɛse

I am lost • Je me suis perdu • zhuh muh sswee pair-d[eey]u • ʒə mə sɥi pɛʀdy

I have a flat tire • Mon pneu est à plat • mo»(n) pnuh ey ta pla • mɔ pnø et- a pla

COMPUTER AND INTERNET

download • télécharger • tey-ley-sharh-zhey • teleʃaʁʒe

online • en ligne • a»(n) lee-ny{uh} • ɑ liɲ

username • identifiant • ee-da»n-tee-fee-a»(n) • idɑ̃tifjɑ

website • site web • sseet web • sit wɛb

search engine • moteur de recherche • mo-teurh duh ru»-shairsh • mɔtœʁ də ʁəʃɛʁʃ

homepage • page d'accueil • pazh da-ku»y • paʒ dakœj

login • connexion • ko-nek-ssyo»(n) • kɔnnɛksjɔ

logout • déconnexion • dey-ko-nek-ssyo»(n) • dekɔnnɛksjɔ

email • email • ee-mel • emɛl

Where's the nearest internet café ? • Où se trouve le cybercafé le plus proche ? • oo ssuh troov luh ssee-bair-ka-fey luh pl[eey]u prosh ? • u sə tʁuv lə sibɛʁkafe lə ply pʁɔʃ ?

Is there wi-fi here ? • Y a-t-il une connexion wi-fi ici ? • ee ya teel [eey]un ko-nek-ssyo»(n) wee-fee ee-ssee ? • j-a-til yn kɔnnɛksjɔ wai fai isi ?

I need a connection to internet • J'ai besoin d'une connexion à internet • zhey bu»-zwe»(n) d[eey]un ko-nek-ssyo»(n) a e»n-tair-net • ʒe bəzwɛ dyn kɔnnɛksjɔ a ɛ̃tɛʁnet (formal) - Can you help me with my computer ? • Pouvez-vous m'aider avec mon ordinateur ? • poo-vey voo me-dey a-vek mo»(n) norh-dee-na-teurh ? • puve - vu mɛde avɛk mɔ̃n- ɔʀdinatœʀ ?

(informal) - Can you help me with my computer ? • Peux-tu m'aider avec mon ordinateur ? • puh t[eey]u me-dey a-vek mo»(n) norh-dee-na-teurh ? • pø-ty mɛde avɛk mɔ̃n-ɔʀdinatœʀ?

It crashed • Il est tombé en panne • eel ey to»m-bey a»(n) pan • il e tɔ̃be a pan

ENGLISH – FRENCH DICTIONARY

A B C D E F G H I J K L M N O P Q R S T U V W X Y Z

A

a / an – please note that the (n) IS pronounced when the first letter of the following word is a pronounced vowel – e.g. un achat is pronounced 'uh nasha'.

    (m.s.) • un • u»(n) • œ̃(n)

    (f.s.) • une • [eey]un • yn

a lot – as in, 'I like this shirt a lot'.

    beaucoup • boe-koo • boku

a lot of

    beaucoup de • boe-koo du» • bo'ku də

about

    environ • a»(n)-vee-ro»(n) • ɑ̃viʀɔ

above

    au-dessus • oe-du»-ss[eey]u • odəsy

accident

    (m.s.) • accident • ak-see-da»(n) • aksidɑ

    (m.p.) • accidents • ak-see-da»(n) • aksidɑ

accommodation

(m.s.) • logement • lozh-ma»(n) • lɔʒmɑ

(m.p.) • logements • lozh-ma»(n) • lɔʒmɑ

address

(f.s.) • adresse • a-dress • adrɛs

(f.p.) • adresses • a-dress • adrɛs

addressee

(m.s.) • destinataire • dess-tee-na-tair • dɛstinatɛʀ

(m.p.) • destinataires • dess-tee-na-tair • dɛstinatɛʀ

(f.s.) • destinataire • dess-tee-na-tair • dɛstinatɛʀ

(f.p.) • destinataires • dess-tee-na-tair • dɛstinatɛʀ

administration

(f.s.) • administration • ad-mee-nee-sstra-ssyo»(n) •administʀasjɔ

(f.p.) • administration • ad-mee-nee-sstra-ssyo»(n) •administʀasjɔ

admission price

(m.s.) • prix d'entrée • pree da»(n)-trey • pri dɑ̃tʀe

(m.p.) • prix d'entrée • pree da»(n)-trey • pri dɑ̃tʀe

adult

(m.s.) • adulte • a-d[eey]ult• adylt

(m.p.) • adultes • a-d[eey]ult • adylt

(f.s.) • adulte • a-d[eey]ult • adylt

(f.p.) • adultes • a-d[eey]ult • adylt

adventure

(f.s.) • aventure • a-va»n-t[eey]urh • avɑ̃tyʀ

(f.p.) • aventures • a-va»n-t[eey]urh • avɑ̃tyʀ

advertisement

(f.s.) • publicité • p[eey]u-blee-see-tey • pyblisite

(f.p.) • publicités • p[eey]u-blee-see-tey • pyblisite

after

après • a-pre • apʀɛ

afternoon

(m.s.) • après-midi • a-pre-mee-dee • apʀɛmidi

(m.p.) • après-midis • a-pre-mee-dee • apʀɛmidi

aftershave

(m.s.) • après-rasage • a-pre-ra-zazh • apʀɛʀazaʒ

(m.p.) • après-rasages • a-pre-ra-zazh • apʀɛʀazaʒ

again

encore • a»ng-kor • ɑ̃kɔʀ

age

(m.s.) • âge • a»zh • ɑʒ

(m.p.) • âges • a»zh • ɑʒ

aid - the noun in English in an uncountable noun but in French, it is countable.

(f.s.) • aide • ed • ɛd

(f.p.) • aides • ed • ɛd

air

(m.s.) • air • air • eə(r)

(m.p.) • airs • air • eə(r)

air conditioning

(f.s.) • climatisation • klee-ma-tee-za-ssyo»(n) • klimatizasjɔ

(f.p.) • climatisations • klee-ma-tee-za-ssyo»(n) • klimatizasjɔ

airline

(f.s.) • compagnie aérienne • kom-pa-nee a-ey-ree-yen• kɔ̃paɲi aeʀjɛn

(f.p.) • compagnies aériennes • kom-pa-nee a-ey-ree-yen• kɔ̃paɲi aeʀjɛn

airport

(m.s.) • aéroport • a-ey-roe-porh • aeʀɔpɔʀ

(m.p.) • aéroports • a-ey-roe-porh • aeʀɔpɔʀ

airport tax

    (m.s.) • taxe aéroportuaire • takss a-ey-roe-porh-t[eey]u-air • taks aeʀɔpɔʀtɥɛʀ

    (m.p.) • taxes aéroportuaires • takss a-ey-roe-porh-t[eey]u-air • taks aeʀɔpɔʀtɥɛʀ

aisle

    (m.s.) • couloir • koo-lwarh • kulwaʀ

    (m.p.) • couloirs • koo-lwarh • kulwaʀ

alarm clock

    (m.s.) • réveil • rey-vey • ʀevɛj

    (m.p.) • réveils • rey-vey • ʀevɛj

allergy

    (f.s.) • allergie • a-lair-zhee • alɛʀʒi

    (f.p.) • allergies • a-lair-zhee • alɛʀʒi

all

    (m.s.) • tout • too • tu

    (m.p.) • tous • too • tu

    (f.s.) • toute • tut

    (f.p.) • toutes • tut

almond

    (f.s.) • amande • a-ma»nd • amɑ̃d

    (f.p.) • amandes • a-ma»nd • amɑ̃d

alone

    (m.s.) • seul • ssu»l • sœl

    (m.p.) • seuls • ssu»l • sœl

    (f.s.) • seule • ssu»l • sœl

    (f.p.) • seules • ssu»l • sœl

already

    déjà • dey-zha • deʒa

also

    aussi • oe-ssee • osi

altar

    (m.s.) • autel • oe-tel • otɛl

    (m.p.) • autels • oe-tel • otɛl

always

    toujours • too-zhoorh • tuʒuʀ

ambulance

    (f.s.) • ambulance • a»m-b[eey]u-la»(n)ss • ɑ̃bylɑ̃s

    (f.p.) • ambulances • a»m-b[eey]u-la»(n)ss • ɑ̃bylɑ̃s

among

    parmi • parh-mee • paʀmi

amount

    (f.s.) • quantité • ka»n-tee-tey • kɑ̃tite

(f.p.) • quantités • ka»n-tee-tey • kɑ̃tite

ancient

    (m.s.) • ancien • a»(n)-ssye»(n) • ɑ̃sjɛ

    (m.p.) • anciens • a»(n)-ssye»(n) • ɑ̃sjɛ

    (f.s.) • ancienne • a»(n)-ssyen • ɑ̃sjɛn

    (f.p.) • anciens • a»(n)-ssyen • ɑ̃sjɛn

and

    et • ey • e

angry

    (m.s.) • furieux • f[eey]u-ree-yuh • fyʀjø

    (m.p.) • furieux • f[eey]u-ree-yuh • fyʀjø

    (f.s.) • furieuse • f[eey]u-ree-yu»z • fyʀjøz

    (f.p.) • furieux • f[eey]u-ree-yu»z • fyʀjøz

animal

    (m.s.) • animal • a-nee-mal • animal

    (m.p.) • animaux • a-nee-moe • animo

anniversary

    (m.s.) • anniversaire • a-nee-vair-ssair • anivɛʀsɛʀ

    (m.p.) • anniversaires • a-nee-vair-ssair • anivɛʀsɛʀ

annual

    (m.s.) • annuel • a-n[eey]u-wel • anɥɛl

(m.p.) • annuels • a-n[eey]u-wel • anɥɛl

(f.s.) • annuelle • a-n[eey]u-wel • anɥɛl

(f.p.) • annuelles • a-n[eey]u-wel • anɥɛl

answer

(f.s.) • réponse • rey-po»(n)ss • ʀepõs

(f.p.) • réponses • rey-po»(n)ss • ʀepõs

antibiotics (noun)

(m.s.) • antibiotique • a»n-tee-bee-yoe-teek • ɑ̃tibjɔtik

(m.p.) • antibiotiques • a»n-tee-bee-yoe-teek • ɑ̃tibjɔtik

apple

(f.s.) • pomme • pom • pɔm

(f.p.) • pommes • pom • pɔm

application form

(m.s.) • formulaire de demande • forh-m[eey]u-lair duh du»-ma»nd • fɔʀmylɛʀ de dəmɑ̃d

(m.p.) • formulairesde demande • forh-m[eey]u-lair duh du»-ma»nd • fɔʀmylɛʀ de dəmɑ̃d

appointment

(m.s.) • rendez-vous • ra»n-dey-voo • ʀɑ̃devu

(m.p.) • rendez-vous • ra»n-dey-voo • ʀɑ̃devu

apricot

(m.s.) • abricot • a-bree-koe • abʀiko

(m.p.) • abricots • a-bree-koe • abʀiko

archæological

(m.s.) • archéologique • arh-key-o-lo-zheek • aʀkeɔlɔʒik

(m.p.) • archéologiques • arh-key-o-lo-zheek • aʀkeɔlɔʒik

(f.s.) • archéologique • arh-key-o-lo-zheek • aʀkeɔlɔʒik

(f.p.) • archéologiques • arh-key-o-lo-zheek • aʀkeɔlɔʒik

architecture

(f.s.) • architecture • arh-shee-tek-t[eey]urh • aʀʃitɛktyʀ

(f.p.) • architectures • arh-shee-tek-t[eey]urh • aʀʃitɛktyʀ

area code

(m.s.) • indicatif téléphonique • e»n-dee-ka-teef tey-ley-foe-neek • ɛ̃dikatif telefɔnik

(m.p.) • indicatifs téléphoniques • e»n-dee-ka-teef tey-ley-foe-neek • ɛ̃dikatif telefɔnik

argue

se disputer • suh diss-p[eey]u-tey • sø dispyte

arm

(m.s.) • bras • brah • bʀɑ

(m.p.) • bras • brah • bʀɑ

armed forces - always used in the plural form, like in English

(f.p.) • forces armées • forh-ssu»z arh-mey • fɔʀses aʀme

arrest

arrêter • a-rey-tey • aʀete

arrivals - as in 'arrival area at an airport'. In French, this word is always used in the plural form.

(f.s.) • arrivées • a-ree-vey • aʀive

arrive

arriver • a-ree-ve • aʀive

art gallery

(f.s.) • galerie d'art • gal-ree darh • galʀi daʀ

(f.p.) • galeries d'art • gal-ree darh • galʀi daʀ

article

(m.s.) • article • arh-tee-kl{uh} • aʀtikl

(m.p.) • articles • arh-tee-kl{uh} • aʀtikl

83

artist

    (m.s.) • artiste • arh-teesst • aʀtist

    (m.p.) • artistes • arh-teesst • aʀtist

    (f.s.) • artiste • arh-teesst • aʀtist

    (f.p.) • artistes • arh-teesst • aʀtist

ask

    demander • du»-ma»n-dey • dəmɑ̃de

assault

    (f.s.) • aggression • a-grey-ssyo»(n) • agʀesjɔ

    (f.p.) • agressions • a-grey-ssyo»(n) • agʀesjɔ

at (@)

    (f.s.) • arobase • a-roe-baz • aʀobaz

    (f.p.) • arobases • a-roe-baz • aʀobaz

ATM

    (m.s.) • distributeur automatique de billets • dees-tree-b[eey]u-teurh oe-toe-ma-teek duh bee-ye • distʀibytœʀ otɔmatik də bijɛ

    (m.p.) • distributeurs automatiques de billets • dees-tree-b[eey]u-teurh oe-toe-ma-teek duh bee-ye • distʀibytœʀ otɔmatik də bijɛ

aubergine

    (f.s.) • aubergine • oe-beurh-zheen • obɛʀʒin

(f.p.) • aubergines • oe-beurh-zheen • obɛʀʒin

automatic

(m.s.) • automatique • oe-toe-ma-teek • otɔmatik

(m.p.) • automatiques • oe-toe-ma-teek • otɔmatik

(f.s.) • automatique • oe-toe-ma-teek • otɔmatik

(f.p.) • automatiques • oe-toe-ma-teek • otɔmatik

autumn

(m.s.) • automne • o-ton • ɔtɔn

(m.p.) • automnes • o-ton • ɔtɔn

avenue

(f.s.) • avenue • a-vu»-n[eey]u • avny

(f.p.) • avenues • a-vu»-n[eey]u • avny

aunt

(f.s.) • tante • ta»nt • tɑ̃t

(f.p.) • tantes • ta»nt • tɑ̃t

awful

(m.s.) • horrible • o-ree-bl{uh} • ɔʀibl

(m.p.) • horribles • o-ree-bl{uh} • ɔʀibl

(f.s.) • horrible • o-ree-bl{uh} • ɔʀibl

(f.p.) • horribles • o-ree-bl{uh} • ɔʀibl

B

baby

 (m.s.) • bébé • bey-bey • bebe

 (m.p.) • bébés • bey-bey • bebe

back

 (m.s.) • dos • doe • do

 (m.p.) • dos • doe • do

bacon - in French, this noun is generally only used, like in English, as an uncountable noun, so in the singular form.

 (m.s.) • bacon • bey-kon • bekɔn

bad

 (m.s.) • mauvais • moe-ve • mɔvɛ

 (m.p.) • mauvais • moe-ve • mɔvɛ

 (f.s.) • mauvaise • moe-vez • mɔvɛz

 (f.p.) • mauvaises • moe-vez • mɔvɛz

bag

 (m.s.) • sac • ssak • sak

 (m.p.) • sacs • ssak • sak

baggage

 (m.s.) • bagage • ba-gazh • bagaʒ

 (m.p.) • bagages • ba-gazh • bagaʒ

bakery

    (f.s.) • boulangerie • boo-la»(n)-zhu»-ree • bulɑ̃ʒʀi

    (f.p.) • boulangeries • boo-la»(n)-zhu»-ree • bulɑ̃ʒʀi

balcony

    (m.s.) • balcon • bal-ko»(n) • balkɔ

    (m.p.) • balcons • bal-ko»(n) • balkɔ

ball

    (f.s.) • balle • bal • bal (tennis)

    (f.p) • balles • bal • bal (tennis)

    (m.s.) • ballon • ba-lo»(n) • balɔ (football)

    (m.p.) • ballons • ba-lo»(n) • balɔ (football)

ballet

    (m.s.) • ballet • ba-le • balɛ

    (m.p.) • ballets • ba-le • balɛ

banana

    (f.s.) • banane • ba-nan • banan

    (f.p.) • bananes • ba-nan • banan

band

    (m.s.) • groupe musical • groop m[eey]u-zee-kal • gʀup myzikal (m.p.) • groupes musicaux • groop m[eey]u-zee-koe • ɢʀup myziko

bank

(f.s.) • banque • ba»ngk • bɑ̃k

(f.p.) • banques • ba»ngk • bɑ̃k

bank account

(m.s.) • compte bancaire • ko»nt ba»ng-kair • kɔ̃t bɑ̃kɛʀ

(m.p.) • comptes bancaires • ko»nt ba»ng-kair • kɔ̃t bɑ̃kɛʀ

baptism

(m.s.) • baptême • ba-tem • batɛm

(m.p.) • baptêmes • ba-tem • batɛm

bar

(m.s.) • bar • barh • baʀ

(m.p.) • bars • barh • baʀ

barber

(m.s.) • coiffeur pour hommes • kwa-feurh poorh om • kwafœʀ puʀ ɔm

(m.p.) • coiffeurs pour hommes • kwa-feurh poorh om • kwafœʀ puʀ ɔm

bargain

(f.s.) • affaire • a-fair • afɛʀ

(f.p.) • affaires • a-fair • afɛʀ

barley - noun would mostly be used in the single form, as an uncountable noun.

(f.s.) • orge • orh-zh • ɔʀʒ

basket

(m.s.) • panier • pa-nee-yey • panje

(m.p.) • paniers • pa-nee-yey • panje

basketball - as in 'the game'. In French, this noun would generally only be used in the single form.

(m.s.) • basket-ball • bass-ket-bol • baskitbɔl

basketball - as in 'the ball used to play the game of basketball'. It can therefore also be used in the plural form.

(m.s.) • basket-ball • bass-ket-bol • baskitbɔl

(m.p.) • basket-balls • bass-ket-bol • baskitbɔl

bathroom - as in 'toilet'. In French, this word is generally only used in the plural form.

(f.p.) • toilettes • twa-let • twalɛt

bathroom - as in 'the place where there is a bath, sink, shower etc'.

    (f.s.) • salle de bains • ssal duh be»(n) • sal d bɛ̃

    (f.p.) • salles de bains • ssal duh be»(n) • sal d bɛ̃

battery – as in 'for electronics'.

    (f.s.) • pile • peel • pil

    (f.p.) • piles • peel • pil

battery – as in 'for a car'.

    (f.s.) • batterie • ba-tree • batʀi

    (f.p.) • batteries • ba-tree • batʀi

be

    être • e-tr{uh} • ɛtʀ

beach

    (f.s.) • plage • pla-zh • plaʒ

    (f.p.) • plages • pla-zh • plaʒ

bean

    (m.s.) • haricot • a-ree-koe • aʀiko

    (m.p.) • haricots • a-ree-koe • aʀiko

beautiful

    (m.s.) • beau • boe • bo

    (m.p.) • beaux • boe • bo

    (f.s.) • belle • bel • bɛl

    (f.p.) • belles • bel • bɛl

because

    parce que • parh-ss(u»)-kuh • paʀks(ə)ke

bed

    (m.s.) • lit • lee • li

    (m.p.) • lits • lee • li

bedroom

    (f.s.) • chambre à coucher • sha»m-br{uh} a koo-shey • ʃɑbʀ a kuʃe

    (f.p.) • chambres à coucher • sha»m-br{uh} a koo-shey • ʃɑbʀ a kuʃe

bee

    (f.s.) • abeille • a-be-y{uh} • abɛj

    (f.p.) • abeilles • a-be-y{uh} • abɛj

beef – as in 'the meat from a cow'. In french, this noun is generally only used in the singular form as an uncountable noun.

    (m.s.) • boeuf • bu»f • bœf

beer

    (f.s.) • bière • bee-yair • bjɛʀ

(f.p.) • bières • bee-yair • bjɛʀ

before
    avant • a-va»(n) • avɑ

begin
    commencer • ko-ma»(n)-ssey • kɔmɑ̃se

be»ind
    derrière • de-ree-yair • dɛʀjɛʀ

below
    dessous • du»-ssoo • dəsu

belt
    (f.s.) • ceinture • sse»n-t[eey]urh • sɛ̃tyʀ

    (f.p.) • ceintures • sse»n-t[eey]urh • sɛ̃tyʀ

best
    (m.s.) • meilleur • me-yeurh • mɛjœʀ

    (m.p.) • meilleurs • me-yeurh • mɛjœʀ

    (f.s.) • meilleure • me-yeurh • mɛjœʀ

    (f.p.) • meilleures • me-yeurh • mɛjœʀ

better
    (m.s.) • meilleur • me-yeurh • mɛjœʀ

    (m.p.) • meilleurs • me-yeurh • mɛjœʀ

    (f.s.) • meilleure • me-yeurh • mɛjœʀ

(f.p.) • meilleures • me-yeurh • mɛjœʀ

between

    entre • a»n-tr{uh} • ɑ̃tʀ

bible

    (f.s.) • bible • bee-bl{uh} • bibl

    (f.p.) • bibles • bee-bl{uh} • bibl

bicycle

    (f.s.) • bicyclette • bee-see-klet • bisiklɛt

    (f.p.) • bicyclettes • bee-see-klet • bisiklɛt

big - please note that the (n) IS pronounced, as is the d, when the first letter of the following word is a pronounced vowel – e.g. 'un grand achat' is pronounced 'u»(n) gra»n dasha'.

    (m.s.) • grand • gra»(n) • gʀɑ

    (m.p.) • grands • gra»(n) • gʀɑ

    (f.s.) • grande • gra»nd • gʀɑ̃d

    (f.p.) • grandes • gra»nd • gʀɑ̃d

bill

    (f.s.) • addition • a-dee-ssyo»(n) • adisjɔ

    (f.p.) • additions • a-dee-ssyo»(n) • adisjɔ

bird

(m.s.) • oiseau • wa-zoe • wazo

(m.p.) • oiseaux • wa-zoe • wazo

birthday

(m.s.) • anniversaire • a-nee-vair-sair • anivɛrsɛr

(m.p.) • anniversaires • a-nee-vair-sair • anivɛrsɛr

biscuit

(m.s.) • biscuit • bee-sskwee • biskyi

(m.p.) • biscuits • bee-sskwee • biskyi

black

(m.s.) • noir • nwarh • nwaʀ

(m.p.) • noirs • nwarh • nwaʀ

(f.s.) • noire • nwarh • nwaʀ

(f.p.) • noires • nwarh • nwaʀ

blackberry

(f.s.) • mûre • m[eey]urh • myʀ

(f.p.) • mûres • m[eey]urh • myʀ

blanket

(f.s.) • couverture • koo-vair-t[eey]urh • kuvɛrtyʀ

(f.p.) • couvertures • koo-vair-t[eey]urh • kuvɛrtyʀ

bleeding

(f.s.) • hémorragie • ey-mo-ra-zhee • emɔʀaʒi

(f.p.) • hémorragies • ey-mo-ra-zhee • emɔʀaʒi

blind

(m.s.) • aveugle • a-vu»-gl{uh}• avœgl

(m.p.) • aveugles • a-vu»-gl{uh}• avœgl

(f.s.) • aveugle • a-vu»-gl{uh}• avœgl

(f.p.) • aveugles • a-vu»-gl{uh}• avœgl

blond / blonde -

(m.s.) • blond • blo»(n) • blɔ

(m.p.) • blonds • blo»(n) • blɔ

(f.s.) • blonde • blo»nd • blɔ̃d

(f.p.) • blondes • blo»nd • blɔ̃d

blood

(m.s.) • sang • sa»(n) • sɑ

(m.p.) • sangs • sa»(n) • sɑ

blood pressure

(f.s.) • pression artérielle • pre-ssyo»(n) narh-tey-ryel • pʀɛsjɔ naʀteʀjɛl (pronounce the N because there is a pronounced vowel after it)

(f.p.) • pressions artérielles • pre-ssyo»(n) zarh-tey-ryel • pʀɛsjɔ zaʀteʀjɛl (pronounce the z because there is a pronounced vowel after it)

blouse

(m.s.) • chemisier • shu»-mee-zee-yey • ʃəmizje

(m.p.) • chemisiers • shu»-mee-zee-yey • ʃəmizje

blue

(m.s.) • bleu • bluh • blø

(m.p.) • bleus • bluh • blø

(f.s.) • bleue • bluh • blø

(f.p.) • bleues • bluh • blø

boarding pass

(f.s.) • carte d'embarquement • karht da»m-barh-ku»-ma»(n) • kaʀt dɑ͡baʀkəmɑ

(f.p.) • cartes d'embarquement • karht da»m-barh-ku»-ma»(n) • kaʀt dɑ͡baʀkəmɑ

boat

(m.s.) • bateau • ba-toe • bato

(m.p.) • bateaux • ba-toe • bato

body

(m.s.) • corps • korh • kɔʀ

(m.p.) • corps • korh • kɔʀ

boil

boullir • boo-yeer • bujiʀ

bone

(m.s.) • os • oss • ɔs

(m.p.) • os • oss • ɔs

book

(m.s.) • livre • lee-vr{uh} • livʀ

(m.p.) • livres • lee-vr{uh} • livʀ

book (as in to book an appointement)

réserver • rey-zair-vey • ʀezɛʀve

booked out

(m.s.) • complet • ko»m-ple • kɔ̃plɛ

(m.p.) • complets • ko»m-ple • kɔ̃plɛ

(f.s.) • complète • ko»m-plet • kɔ̃plɛt

(f.p.) • complètes • ko»m-plet • kɔ̃plɛt

booking

(f.s.) • réservation • rey-zair-va-ssyo»(n) • ʀezɛʀvasjɔ̃

(f.p.) • réservations • rey-zair-va-ssyo»(n) • ʀezɛʀvasjɔ̃

bookshop

(f.s.) • librairie • lee-bre-ree • libʀɛʀi

(f.p.) • librairies • lee-bre-ree • libʀɛʀi

boot

(f.s.) • botte • bot • bɔt

97

(f.p.) • bottes • bot • bɔt

border

(f.s.) • frontière • fro»(n)-tyair • fRɔ̃tjɛR

(f.p.) • frontières • fro»(n)-tyair • fRɔ̃tjɛR

to be bored

s'ennuyer • ssa»n-wee-yey • sɑ̃nɥije

boring

(m.s.) • ennuyeux • a»n-wee-yuh • ɑ̃nɥijø

borrow

emprunter • a»m-pru»n-tey • ɑ̃pRœ̃te

bottle

(f.s.) • bouteille • boo-te-y{uh} • butɛj

(f.p.) • bouteilles • boo-te-y{uh} • butɛj

bottle warmer

(m.s.) • chauffe-biberon • shoeff beeb-ro»(n)• ʃofbibRɔ

(m.p.) • chauffe-biberons • shoeff beeb-ro»(n)• ʃofbibRɔ

bottom

(m.s.) • bas • bah • bɑ

(m.p.) • bas • bah • bɑ

98

box

    (f.s.) • boîte • bwat • bwat

    (f.p.) • boîtes • bwat • bwat

boy

    (m.s.) • garçon • garh-sso»(n) • gaʀsɔ

    (m.p.) • garçons • garh-sso»(n) • gaʀsɔ

bra

    (m.s.) • soutien-gorge • ssoo-tye»(n)-gorhzh • sutjɛgɔʀʒ

    (m.p.) • soutiens-gorge • ssoo-tye»(n)-gorhzh • sutjɛgɔʀʒ

brave

    (m.s.) • courageux • koo-ra-zhuh • kuʀaʒø

    (m.p.) • courageux • koo-ra-zhuh • kuʀaʒø

    (f.s.) • courageuse • koo-ra-zhu»z • kuʀaʒøz

    (f.p.) • courageuses • koo-ra-zhu»z • kuʀaʒøz

bread – generally, the French noun is uncountable, just like the English noun. However, the French also have a loaf they call "un pain" (a larger, thicker baguette), so the word can also be used in the plural form.

    (m.s.) • pain • pe»(n) • pɛ

    (m.p.) • pains • pe»(n) • pɛ

break (verb)

 casser • ka»-ssey • kɑse

break (noun)

 (f.s.) • pause • poez • poz

breakfast

 (m.s.) • petit déjeuner • pu»-tee dey-zhu»-ney • pəti deʒœne

 (m.p.) • petits déjeuners • pu»-tee dey-zhu»-ney • pəti deʒœne

breast

 (m.s.) • sein • sse»(n) • sɛ

 (m.p.) • seins • sse»(n) • sɛ

breathe •

 respirer • ress-pee-rey • ʀɛspiʀe

bridge

 (m.s.) • pont • po»(n) • pɔ

 (m.p.) • ponts • po»(n) • pɔ

bring

 porter • porh-tey • pɔʀte

broken

 (m.s.) • cassé • ka»-ssey • kɑse

(m.p.) • cassés • ka»-ssey • kɑse

(f.s.) • cassée • ka»-ssey • kɑse

(f.p.) • cassées • ka»-ssey • kɑse

brother

(m.s.) • frère • frair • fʀɛʀ

(m.p.) • frères • frair • fʀɛʀ

brown - both of these adjectives used to describe color tend to be invariable nowadays.

(m.s.) • marron / châtain • ma-ro»(n) / cha»-te»(n) • maʀɔ /ʃatɛ

(m.p.) • marron / châtain • ma-ro»(n) / cha»-te»(n) • maʀɔ /ʃatɛ

(f.s.) • marron / châtain • ma-ro»(n) / cha»-te»(n) • maʀɔ /ʃatɛ

(f.p.) • marron / châtain • ma-ro»(n) / cha»-te»(n) • maʀɔ /ʃatɛ

budget

(m.s.) • budget • b[eey]ud-zhe • bydʒɛ

(m.p.) • budgets • b[eey]ud-zhe • bydʒɛ

build

construire • ko»(n)- sstr[eey]u-eer • kɔ̃stʀɥiʀ

building

(m.s.) • bâtiment • ba»-tee-ma»(n) • bɑtimɑ

(m.p.) • bâtiments • ba»-tee-ma»(n) • bɑtimɑ

burn

brûler • br[eey]u-ley • bʀyle

bus stop

(m.s.) • arrêt de bus • a-re duh b[eey]uss • aʀɛ də bys

(m.p.) • arrêts de bus • a-re duh b[eey]uss • aʀɛ də bys

business - this uncountable noun in English is a countable noun in French. It is also generally only used in its plural form.

(f.p.) • affaires • a-fair • afeʀ

business class

(f.s.) • classe affaires • kla»ss a-fair • klɑs afeʀ

(f.p.) • classes affaires • kla»ss a-fair • klɑs afeʀ

but

mais • me • mɛ

butcher

(m.s.) • boucher • boo-shey • buʃe

(m.p.) • bouchers • boo-shey • buʃe

butter

(m.s.) • beurre • beurh • bœʀ

(m.p.) • beurres • beurh • bœʀ

butterfly

(m.s.) • papillon • pa-pee-yo»(n) • papijɔ

(m.p.) • papillons • pa-pee-yo»(n) • papijɔ

button

(m.s.) • bouton • boo-to»(n) • butɔ

(m.p.) • boutons • boo-to»(n) • butɔ

buy

acheter • ash-tey • aʃte

C

cable car

(m.s.) • funiculaire • f[eey]u-nee-k[eey]u-lair • fynikylɛʀ

(m.p.) • funiculaires • f[eey]u-nee-k[eey]u-lair • fynikylɛʀ

café

(m.s.) • café • ka-fey • kafe

(m.p.) • cafés • ka-fey • kafe

cake

(m.s.) • gâteau • ga»-toe • gɑto

(m.p.) • gâteaux • ga»-toe • gɑto

calendar

(m.s.) • calendrier • ka-la»n-dree-yey • kalɑ̃dʀije

(m.p.) • calendriers • ka-la»n-dree-yey • kalɑ̃dʀije

camera - as in 'for taking photographs'.

(m.s.) • appareil photo • a-pa-rey foe-toe • apaʀɛj fɔto

(m.p.) • appareils photo • a-pa-rey foe-toe • apaʀɛj fɔto

camp

(m.s.) • camp • ka»(n) • kɑ

(m.p.) • camps • ka»(n) • kɑ

camper

(m.s.) • camping-car • ka»mpeeng karh • kɑ̃piŋkaʀ

(m.p.) • camping-cars • ka»mpeeng karh • kɑ̃piŋkaʀ

campsite

(m.s.) • camping • ka»m-peeng • kɑ̃piŋ/

(m.p.) • campings • ka»m-peeng • kɑ̃piŋ/

can

pouvoir • poo-vwarh • puvwaʀ

cancel

    annuler • a-n[eey]u-ley • anyle

cancer

    (m.s.) • cancer • ka»(n)-sair • kɑ̃sɛʀ

    (m.p.) • cancers • ka»(n)-sair • kɑ̃sɛʀ

candle

    (f.s.) • bougie • boo-zhee • buʒi

    (f.p.) • bougies • boo-zhee • buʒi

canoeing - as in 'the sport of canoeing'. This noun is generally only used in the singular form

    (m.s.) • canoë • ka-noe-wey • kanoe

car

    (f.s.) • voiture • vwa-t[eey]urh • vwatyʀ

    (f.p.) • voiture • vwa-t[eey]urh • vwatyʀ

car park

    (m.s.) • parking • parhking • paʀkɪŋ

    (m.p.) • parkings • parhking • paʀkɪŋ

caravan

    (f.s.) • caravane • ka-ra-van • kaʀavan

    (f.p.) • caravanes • ka-ra-van • kaʀavan

carrot

(f.s.) • carotte • ka-rot • kaʀɔt

(f.sp • carottes • ka-rot • kaʀɔt

carry

transporter • tra»n-sporh-tey • tʀɑ̃spɔʀte

cash (to pay cash) – verb, as in 'to pay cash'.

payer comptant • peyey ko»(n)-ta»(n) • peje kɔ̃ta

cash - noun, as in 'money'.

espèces • ess-pess • ɛspɛs

cash – verb, as in 'to cash a check'.

encaisser • a»ng-key-sey • ɑ̃kese

cashier

(m.s.) • caissier • key-ssyey • kesje

(m.p.) • caissiers • key-ssyey • kesje

(f.s.) • caissière • key-ssyair • kesjɛʀ

(f.p.) • caissières • key-ssyair • kesjɛʀ

casino

(m.s.) • casino • ka-zee-noe • kazino

(m.p.) • casinos • ka-zee-noe • kazino

cassette

(f.s.) • cassette • ka-sset • kasɛt

(f.p.) • cassettes • ka-sset • kasɛt

castle

    (m.s.) • château • sha»-toe • ʃɑto

    (m.p.) • châteaux • sha-toe • ʃɑto

cat

    (m.s.) • chat • sha • ʃa

    (m.p.) • chats • sha • ʃa

cathedral

    (f.s.) • cathédrale • ka-tey-dral • katedʀal

    (f.p.) • cathédrales • ka-tey-dral • katedʀal

Catholic

    (m.s.) • catholique • ka-toe-leek • katɔlik

    (m.p.) • catholiques • ka-toe-leek • katɔlik

    (f.s.) • catholique • ka-toe-leek • katɔlik

    (f.p.) • catholiques • ka-toe-leek • katɔlik

cave

    (f.s.) • grotte • grot • gʀɔt

    (f.p.) • grottes • grot • gʀɔt

CD

    (m.s.) • CD • ssey-dey • sede

    (m.p.) • CD • ssey-dey • sede

CD burner

(m.s.) • graveur de CD • gra-veurh duh ssey-dey • ɡʀavœʀ də sede

(m.p.) • graveurs de CD • gra-veurh duh ssey-dey • ɡʀavœʀ də sede

celebrate

célébrer • ssey-ley-brey • selebʀe

cell phone

(m.s.) • téléphone portable • tey-ley-fon porh-tarh-bl{uh} • telefɔn pɔʀtabl

(m.p.) • téléphones portables • tey-ley-fon porh-tarh-bl{uh} • telefɔn pɔʀtabl

centimetre

(m.s.) • centimètre • ssa»n-tee-me-tr{uh} • sɑ̃timɛtʀ

(m.p.) • centimètres • ssa»n-tee-me-tr{uh} • sɑ̃timɛtʀ

centre

(m.s.) • centre • ssa»n-tr{uh} • sɑ̃tʀ

(m.p.) • centres • ssa»n-tr{uh} • sɑ̃tʀ

certificate

(m.s.) • certificat • ssair-tee-fee-ka • sɛʀtifika

(m.p.) • certificats • ssair-tee-fee-ka • sɛʀtifika

chain

(f.s.) • chaîne • shen • ʃɛn

(f.p.) • chaînes • shen • ʃɛn

chair

(f.s.) • chaise • shez • ʃɛz

(f.p.) • chaises • shez • ʃɛz

chairlift

(m.s.) • télésiège • tey-ley-ssyezh • telesjɛʒ

(m.p.) • télésièges • tey-ley-ssyezh • telesjɛʒ

championship

(m.s.) • championnat • sham-pyoe-na • ʃɑ̃pjɔna

(m.p.) • championnats • sham-pyoe-na • ʃɑ̃pjɔna

change

changer • sha»(n)-zhey • ʃɑ̃ʒe

changing room

(f.s.) • cabine d'essayage • ka-been dey-sse-ya-zh • kabin

(f.p.) • cabines d'essayage • ka-been dey-sse-ya-zh • kabin desɛjaʒ

cheap - in French, this compound adjective is invariable.

(m.s.) • bon marché • bo»(n) marh-shey • bɔ maʀʃe

(m.p.) • bon marché • bo»(n) marh-shey • bɔ maʀʃe

(f.s.) • bon marché • bo»(n) marh-shey • bɔ maʀʃe

109

(f.p.) • bon marché • bo»(n) marh-shey • bɔ maʀʃe

cheat

tricher • tree-shey • tʀiʃe

check

(m.s.) • chèque • shek • ʃɛk

(m.p.) • chèques • shek • ʃɛk

check

vérifier • vey-ree-fyey • veʀifje

check-in - in French, this noun is generally only used in the singular form.

(m.s.) • enregistrement • a»(n)-ru»-zheess-tru»-ma»(n) • aʀəʒistʀəma

chef

(m.s.) • chef • shef • ʃef

(m.p.) • chefs • shef • ʃef

cheese

(m.s.) • fromage • fro-ma-zh • fʀɔmaʒ

(m.p.) • fromages • fro-ma-zh • fʀɔmaʒ

chemist - in French, nouns referring to people can generally be masculine or feminine, depending on the gender of the person. The word 'pharmacien' translates as 'a male chemist', 'pharmacienne' translates as 'a female chemist'.

 (m.s.) • pharmacien • farh-ma-ssyc»(n) • faʀmasjɛ

 (m.p.) • pharmaciens • farh-ma-ssye»(n) • faʀmasjɛ

 (f.s.) • pharmacienne • farh-ma-ssyen • faʀmasjɛn

 (f.p.) • pharmaciennes • farh-ma-ssyen • faʀmasjɛn

cherry

 (f.s.) • cerise • ssu»-reez • səʀiz

 (f.p.) • cerises • ssu»-reez • səʀiz

chess - in French, this noun is generally only used in the plural form.

 (m.p.) • échecs • ey-shek • eʃɛk

chicken

 (m.s.) • poulet • poo-le • pulɛ

 (m.p.) • poulets • poo-le • pulɛ

child - in French, nouns referring to people can generally be masculine or feminine, depending on the gender of the person. The word 'pharmacien' translates as 'a male chemist', 'pharmacienne' translates as 'a female chemist'. There are, however, exceptions, where the word is only either masculine or feminine, irrespective of the gender of the person. This is one of these exceptions. The noun is generally only used in the masculine form.

(m.s.) • enfant • a»(n)-fa»(n) • ɑ̃fɑ

(m.p.) • enfants • a»(n)-fa»(n) • ɑ̃fɑ

childminder - in French, nouns referring to people can generally be masculine or feminine, depending on the gender of the person. The word 'pharmacien' translates as 'a male chemist', 'pharmacienne' translates as 'a female chemist'. There are, however, exceptions, where the word is only either masculine or feminine, irrespective of the gender of the person. This is one of these exceptions. The noun is generally only used in the feminine form.

(f.s.) • nourrice • noo-reess • nuʀis

(f.p.) • nourrices • noo-reess • nuʀis

chip (U.S.) - as in 'thin, edible, crispy fried potato slice'.

(m.s.) • chips • sheepss • ʃips

(m.p.) • chips • sheepss • ʃips

chip (U.K.) - as in 'edible, soft fried potato stick'.

(f.s.) • pomme frite • pom freet • pɔm fʀit

(f.p.) • pommes frites • pom freet • pɔm fʀit

chocolate

(m.s.) • chocolat • sho-koe-la • ʃɔkɔla

(m.p.) • chocolats • sho-koe-la • ʃɔkɔla

Christian

(m.s.) • chrétien • krey-tye»(n) • kʀetjɛ

(m.p.) • chrétiens • krey-tye»(n) • kʀetjɛ

(f.s.) • chrétienne • krey-tyen • kʀetjɛn

(f.p.) • chrétiennes • krey- tyen • kʀetjɛn

Christmas – in French, this religious festival is generally only used in the singular form.

(m.s.) • Noël • noe-wel • nɔɛl

church

(f.s.) • église • ey-gleez • egliz

(f.p.) • églises • ey-gleez • egliz

cigarette

(f.s.) • cigarette • ssee-ga-ret • sigaʀɛt

(f.p.) • cigarettes • ssee-ga-ret • sigaʀɛt

cinema

(m.s.) • cinéma • ssee-ney-ma • sinema

(m.p.) • cinémas • ssee-ney-ma • sinema

circus

(m.s.) • cirque • seerk • siʀk

(m.p.) • cirques • seerk • siʀk

citizenship

(f.s.) • nationalité • na-ssyo-na-lee-tey • nasjɔnalite

(f.p.) • nationalités • na-ssyo-na-lee-tey • nasjɔnalite

city

    (f.s.) • ville • veel • vil

    (f.p.) • villes • veel • vil

class

    (f.s.) • classe • kla»ss • klɑs

    (f.p.) • classes • klass • klɑs

classical

    (m.s.) • classique • kla-seek • klasik

    (m.p.) • classiques • kla-seek • klasik

    (f.s.) • classique • kla-seek • klasik

    (f.p.) • classiques • kla-seek • klasik

clean •

    nettoyer • ney-twa-yey • netwaje

clever

    (m.s.) • intelligent • e»n-tey-lee-zha»(n) • ɛteliʒɑ

    (m.p.) • intelligents • e»n-tey-lee-zha»(n) • ɛteliʒɑ

    (f.s.) • intelligente • e»n-tey-lee-zha»nt • ɛteliʒɑ

    (f.p.) • intelligentes • e»n-tey-lee- zha»nt • ɛteliʒɑ

climb

    grimper • gre»m-pey • gʀɛ̃pe

clock

    (f.s.) • horloge • orh-lozh • ɔʀlɔʒ

    (f.p.) • horloges • orh-lozh • ɔʀlɔʒ

closed

    (m.s.) • fermé • fair-mey • fɛʀme

    (m.p.) • fermés • fair-mey • fɛʀme

    (f.s.) • fermée • fair-mey • fɛʀme

    (f.p.) • fermées • fair-mey • fɛʀme

cloud

(m.s.) • nuage • n[eey]u-azh • nyaʒ

(m.p.) • nuages • n[eey]u-azh • nyaʒ

cloudy – as in 'cloudy weather'. This adjective is generally only used in the masculine singular form with the masculine singular noun 'le temps' – "le temps est couvert")

    (m.s.) • couvert • koo-vair • kuvɛʀ

cloudy (adjective, e.g. a cloudy liquid or piece of glass)

    (m.s.) • opaque • oe-pak • ɔpak

    (m.p.) • opaques • oe-pak • ɔpak

    (f.s.) • opaque • oe-pak • ɔpak

    (f.p.) • opaques • oe-pak • ɔpak

coast
- (f.s.) • côte • kot • kot
- (f.p.) • côtes • kot • kot

coat
- (m.s.) • manteau • ma»n-toe • mɑ̃to
- (m.p.) • manteaus • ma»n-toe • mɑ̃to

coffee
- (m.s.) • café • ka-fey • kafe
- (m.p.) • cafés • ka-fey • kafe

coin
- (f.s.) • pièce • pyess • pjɛs
- (f.p.) • pièces • pyess • pjɛs

cold
- (m.s.) • froid • frwa • fʀwa
- (m.p.) • froids • frwa • fʀwa
- (f.s.) • froide • frwad • fʀwad
- (f.p.) • froides • frwad • fʀwad

colleague
- (m.s.) • collègue • ko-leg • kɔlɛg
- (m.p.) • collègues • ko-leg • kɔlɛg
- (f.s.) • collègue • ko-leg • kɔlɛg

(f.p.) • collègues • ko-leg • kɔlɛg

college

(m.s.) • collège • ko-lezh • kɔlɛʒ

(m.p.) • collèges • ko-lezh • kɔlɛʒ

color

(f.s.) • couleur • koo-leurh • kulœʀ

(f.p.) • couleurs • koo-leurh • kulœʀ

comb

(m.s.) • peigne • pe-ny{uh} • pɛɲ

(m.p.) • peignes • pe-ny{uh} • pɛɲ

come

venir • vu»-neer • vəniʀ

comedy

(f.s.) • comédie • ko-mey-dee • kɔmedi

(f.p.) • comédies • ko-mey-dee • kɔmedi

comfortable

(m.s.) • confortable • ko»(n)-forh-ta-bl{uh} • kɔ̃fɔʀtabl

(m.p.) • confortables • ko»(n)-forh-ta-bl{uh} • kɔ̃fɔʀtabl

(f.s.) • confortable • ko»(n)-forh-ta-bl{uh} • kɔ̃fɔʀtabl

117

(f.p.) • confortables • ko»(n)-forh-ta-bl{uh} • kɔ̃fɔʀtabl

communion

    (f.s.) • communion • ko-m[eey]u-nyo»(n) • kɔmynjɔ

    (f.p.) • communions • ko-m[eey]u-nyo»(n) • kɔmynjɔ

company (firm/business)

    (f.s.) • société • sso-ssyey-tey • sɔsjete

    (f.p.) • sociétés • sso-ssyey-tey • sɔsjete

compass

    (f.s.) • boussole • boo-ssol • busɔl

    (f.p.) • boussoles • boo-ssol • busɔl

competition

    (f.s.) • compétition • ko»m-pey-tee-ssyo»(n) • kɔ̃petisjɔ

    (f.p.) • compétitions • ko»m-pey-tee-ssyo»(n) • kɔ̃petisjɔ

complain •

    se plaindre • ssuh ple»n-dr{uh} • sə plɛ̃dʀ

complimentary

    (m.s.) • gratuit • gra-twee • gʀatɥi

    (m.p.) • gratuits • gra-twee • gʀatɥi

(f.s.) • gratuite • gra-tweet • gʀatɥit

(f.p.) • gratuites • gra-tweet • gʀatɥit

computer

(m.s.) • ordinateur • orh-dee-na-teurh • ɔʀdinatœʀ

(m.p.) • ordinateurs • orh-dee-na-teurh • ɔʀdinatœʀ

computer science – as in 'the subject'. In French, this noun is generally only used in the singular form.

(m.s.) • informatique • e»(n)-forh-ma-teek • ɛ̃fɔʀmatik

concert

(m.s.) • concert • ko»(n)-ssair • kɔ̃sɛʀ

(m.p.) • concerts • ko»(n)-ssair • kɔ̃sɛʀ

condom

(m.s.) • préservatif • prey-zair-va-teef • pʀezɛʀvatif

(m.p.) • préservatifs • prey-zair-va-teef • pʀezɛʀvatif

consulate

(m.s.) • consulat • ko»(n)-s[eey]u-la • kɔ̃syla

(m.p.) • consulats • ko»(n)-s[eey]u-la • kɔ̃syla

contact lense

(f.s.) • lentille de contact • la»n-tee-y{uh} duh ko»n-takt • lɑ̃tij də kɔ̃takt (f.p.) • lentilles de contact • la»n-tee-y{uh} duh ko»n-takt • lɑ̃tij də kɔ̃takt

contract

    (m.s.) • contrat • ko»n-tra • kɔ̃tʀa

    (m.p.) • contrats • ko»n-tra • kɔ̃tʀa

cook

    cuisiner • kwee-zee-ney • kɥizine

cooker

    (f.s.) • cuisinière • kwee-zee-nyair • kɥizinjɛʀ

    (f.p.) • cuisinières • kwee-zee-nyair • kɥizinjɛʀ

cool

    (f.s.) • fraîcheur • fre-sheurh • fʀɛʃœʀ

    (f.p.) • fraîcheurs • fre-sheurh • fʀɛʃœʀ

corner

    (m.s.) • coin • kwe»(n) • kwɛ

    (m.p.) • coins • kwe»(n) • kwɛ

corrupt

    (m.s.) • corrompu • ko-ro»m-p[eey]u • kɔʀɔ̃py

    (m.p.) • corrompus • ko-ro»m-p[eey]u • kɔʀɔ̃py

    (f.s.) • corrompue • ko-ro»m-p[eey]u • kɔʀɔ̃py

    (f.p.) • corrompues • ko-ro»m-p[eey]u • kɔʀɔ̃py

cost

    coûter • koo-tey • kute

cot

    (m.s.) • lit de bébé • lee duh bey-bey • li də bebe

    (m.p.) • lits de bébé • lee duh bey-bey • li də bebe

cotton

    (m.s.) • coton • ko-to»(n) • kɔtɔ

    (m.p.) • cotons • ko-to»(n) • kɔtɔ

cough

    (f.s.) • toux • too • tu

    (f.p.) • toux • too • tu

count •

    compter • ko»n-tey • kɔ̃te

counter

    (m.s.) • comptoir • ko»n-twarh • kɔ̃twaʀ

    (m.p.) • comptoirs • ko»n-twarh • kɔ̃twaʀ

country

    (m.s.) • pays • pey-ee • pei

    (m.p.) • pays • pey-ee • pei

countryside

    (f.s.) • campagne • ka»m-pa-ny{uh} • kɑ̃paɲ

(f.p.) • campagnes • ka»m-pa-ny{uh} • kɑ̃paɲ

couple

    (m.s.) • couple • koo-pl{uh} • kupl

    (m.p.) • couples • koo-pl{uh} • kupl

court - as in 'a court of law'.

    (m.s.) • tribunal • tree-b[eey]u-nal • tʀibynal

    (m.p.) • tribunaux • tree-b[eey]u-noe • tʀibyno

cousin

    (m.s.) • cousin • koo-ze»(n) • kuzɛ

    (m.p.) • cousins • koo-ze»(n) • kuzɛ

    (f.s.) • cousine • koo-zeen • kuzin

    (f.p.) • cousins • koo-zeen • kuzin

cover charge

    (m.s.) • couvert • koo-vair • kuvɛʀ

    (m.p.) • couverts • koo-vair • kuvɛʀ

cow

    (f.s.) • vache • vash • vaʃ

    (f.p.) • vaches • vash • vaʃ

crash

    (m.s.) • accident • ak-see-da»(n) • aksidɑ

    (m.p.) • accidents • ak-see-da»(n) • aksidɑ

crazy

>(m.s.) • fou • foo • fu

>(m.p.) • fous • foo • fu

>(f.s.) • folle • fol • fɔl

>(f.p.) • folles • fol • fɔl

creche

>(f.s.) • crèche • kresh • kʀɛʃ

>(f.p.) • crèches • kresh • kʀɛʃ

credit card

>(f.s.) • carte de crédit • karht duh krey-dee • kaʀt də kʀedi

>(f.p.) • cartes de crédit • karht duh krey-dee • kaʀt də kʀedi

crime

>(m.s.) • crime • kreem • kʀim

>(m.p.) • crimes • kreem • kʀim

cross

>(f.s.) • croix • krwa • kʀwa

>(f.p.) • croix • krwa • kʀwa

crossroads

>(m.s.) • carrefour • karh-foorh • kaʀfuʀ

(m.p.) • carrefours • karh-foorh • kaʀfuʀ

crowded

(m.s.) • bondé • bo»n-dey • bɔ̃de

(m.p.) • bondés • bo»n-dey • bɔ̃de

(f.s.) • bondée • bo»n-dey • bɔ̃de

(f.p.) • bondées • bo»n-dey • bɔ̃de

cucumber

(m.s.) • concombre • ko»ng-ko»m-br{uh} • kɔ̃kɔ̃bʀ

(m.p.) • concombres • ko»ng-ko»m-br{uh} • kɔ̃kɔ̃bʀ

cup

(f.s.) • tasse • ta»ss • tɑs

(f.p.) • tasses • ta»ss • tɑs

currency exchange (office)

(m.s.) • bureau de change • b[eey]u-roe duh sha»(n)zh • byʀo də ʃɑ̃ʒ

(m.p.) • bureaux de change • b[eey]u-roe duh sha»(n)zh • byʀo də ʃɑ̃ʒ

current (adjective)

(m.s.) • courant • koo-ra»(n) • kuʀɑ

(m.p.) • courants • koo-ra»(n) • kuʀɑ

(f.s.) • courante • koo-ra»nt • kuʀɑ̃t

    (f.p.) • courantes • koo-ra»nt • kuʀɑ̃t

cushion

    (m.s.) • coussin • koo-sse»(n) • kusɛ

    (m.p.) • coussins • koo-sse»(n) • kusɛ

customer

    (m.s.) • client • klee-ya»(n) • klijɑ

    (m.p.) • clients • klee-ya»(n) • klijɑ

    (f.s.) • cliente • klee-ya»nt • klijɑ̃t

    (f.p.) • clientes • klee-ya»nt • klijɑ̃t

customs – as in 'import checks when travelling across a border'. In French, this noun is generally only used in the singular form.

    (f.s.) • douane • dwan • dwan

cut

    couper • koo-pey • kupe

cutlery – as in 'knife, fork and spoon set'. In French, this noun is generally only used in the plural form.

    (m.p.) • couverts • koo-vair • kuvɛʀ

cycle (verb)

    aller à vélo • a-ley a vey-loe • ale a velo

cyclist

    (m.s.) • cycliste • ssee-kleesst • siklist

    (m.p.) • cyclistes • ssee-kleesst • siklist

    (f.s.) • cycliste • ssee-kleesst • siklist

    (f.p.) • cyclistes • ssee-kleesst • siklist

D

dad

    (m.s.) • papa • pa-pa • papa

    (m.p.) • papas • pa-pa • papa

damage - in English, this noun is uncountable. In French, however, it is a countable noun, but is generally only used in the plural form.

    (m.p.) • dégâts • dey-gah • degɑ

dance

    danser • da»(n)-sey • dɑ̃se

dangerous

    (m.s.) • dangereux • da»(n)-zhu»-ruh • dɑ̃ʒʀø

    (m.p.) • dangereux • da»(n)-zhu»-ruh • dɑ̃ʒʀø

    (f.s.) • dangereuse • da»(n)-zhu»-ru»z • dɑ̃ʒʀøz

    (f.p.) • dangereuses • da»(n)-zhu»-ru»z • dɑ̃ʒʀøz

dark

(m.s.) • sombre • so»m-br{uh} • sɔ̃bʀ

(m.p.) • sombres • so»m-br{uh} • sɔ̃bʀ

(f.s.) • sombre • so»m-br{uh} • sɔ̃bʀ

(f.p.) • sombres • so»m-br{uh} • sɔ̃bʀ

date

(f.s.) • date • dat • dat

(f.p.) • dates • dat • dat

date of birth

(f.s.) • date de naissance • dat duh ne-ssa»(n)ss • dat də nɛsɑ̃s

(f.p.) • dates de naissance • dat duh ne-ssa»(n)ss • dat də nɛsɑ̃s

daughter

(f.s.) • fille • fee-y{uh} • fij

(f.p.) • filles • fee-y{uh} • fij

daughter-in-law

(f.s.) • belle-fille • bel fee-y{uh} • bel fij

(f.p.) • belles-filles • bel fee-y{uh} • bel fij

day

(m.s.) • jour • zhoorh • ʒuʀ

(m.p.) • jours • zhoorh • ʒuʀ

dead

 (m.s.) • mort • morh • mɔʀ

 (m.p.) • morts • morh • mɔʀ

 (f.s.) • morte • morht • mɔʀt

 (f.p.) • mortes • morht • mɔʀt

deaf

 (m.s.) • sourd • soorh • suʀ

 (m.p.) • sourds • soorh • suʀ

 (f.s.) • sourde • soorhd • suʀd

 (f.p.) • sourdes • soorhd • suʀd

deep

 (m.s.) • profond • pro-fo»(n) • pʀɔfɔ

 (m.p.) • profonds • pro-fo»(n) • pʀɔfɔ

 (f.s.) • profonde • pro-fo»nd • pʀɔfɔ̃d

 (f.p.) • profondes • pro-fo»nd • pʀɔfɔ̃d

delay

 (m.s.) • retard • ru»-tarh • ʀətaʀ

 (m.p.) • retards • ru»-tarh • ʀətaʀ

democracy

 (f.s.) • démocratie • dey-moe-kra-ssee • demɔkʀasi

 (f.p.) • démocraties • dey-moe-kra-see • demɔkʀasi

demonstration

    (f.s.) • démonstration • dey-mo»(n)-sstra-ssyo»(n) • demõstʀasjɔ

    (f.p.) • démonstrations • dey-mo»(n)-sstra-ssyo»(n) • demõstʀasjɔ

dentist

    (m.s.) • dentiste • da»n-teesst• dɑ̃tist

    (m.p.) • dentistes • da»n-teesst• dɑ̃tist

    (f.s.) • dentiste • da»n-teesst• dɑ̃tist

    (f.p.) • dentistes • da»n-teesst• dɑ̃tist

deodorant

    (m.s.) • déodorant • dey-oe-dorh-ra»(n) • deɔdɔʀɑ

    (m.p.) • déodorants • dey-oe-dorh-ra»(n) • deɔdɔʀɑ

department store

    (m.s.) • grand magasin • gra»(n) ma-ga-ze»(n) • gʀɑ magazɛ

    (m.p.) • grands magasins • gra»(n) ma-ga-ze»(n) • gʀɑ magazɛ

departure

    (m.s.) • départ • dey-parh • depaʀ

    (m.p.) • départs • dey-parh • depaʀ

deposit - as in 'a deposit of money at a bank'.

(m.s.) • dépôt • dey-poe • depo

(m.p.) • dépôts • dey-poe • depo

deposit – as in 'an amount of money given as a guarantee when renting a property or ve»icle etc.'.

(f.s.) • caution • koe-ssyo»(n) • kosjɔ

(f.p.) • cautions • koe-ssyo»(n) • kosjɔ

describe

décrire • dey-kreer • dekʀiʀ

desire

désirer • dey-zee-rey • deziʀe

desk – as in 'the front desk or reception at a hotel etc.'.

(f.s.) • réception • rey-ssep-ssyo»(n) • ʀesɛpsjɔ

(f.p.) • réceptions • rey-ssep-ssyo»(n) • ʀesɛpsjɔ

desk – as in 'a table on which one works/studies'.

(m.s.) • bureau • b[eey]u-roe • byro

(m.p.) • bureaux • b[eey]u-roe • byro

dessert

(m.s.) • dessert • dey-ssair • desɛʀ

(m.p.) • desserts • dey-ssair • desɛʀ

destination

(f.s.) • destination • de-sstee-na-ssyo»(n) • dɛstinasjɔ

(f.p.) • destinations • de-sstee-na-ssyo»(n) • dɛstinasjɔ

development

(m.s.) • développement • dey-vu»-lop-ma»(n) • devlɔpmɑ

(m.p.) • développements • dey-vu»-lop-ma»(n) • devlɔpmɑ

diabetes – in French, this noun is generally only used in the singular form.

(m.s.) • diabète • dya-bet • djabɛt

dialling code

(m.s.) • indicatif téléphonique • e»n-dee-ka-teef tey-ley-foe-neek• ɛ̃dikatif telefɔnik

(m.p.) • indicatifs téléphoniques • e»n-dee-ka-teef tey-ley-foe-neek• ɛ̃dikatif telefɔnik

diaper

(f.s.) • couche • koosh • kuʃ

(f.p.) • couches • koosh • kuʃ

diarrhoea

(f.s.) • diarrhée • dya-rey • djaʀe

(f.p.) • diarrhées • dya-rey • djaʀe

diary

(m.s.) • agenda • a-zhe»n-da • aʒɛ̃da

(m.p.) • agendas • a-zhe»n-da • aʒɛ̃da

dictionary

(m.s.) • dictionnaire • deek-syo»(n)-nair • diksjɔnɛʀ

die

mourir • moo-reer • muʀiʀ

diesel

(m.s.) • diesel • dyey-zel • djezɛl

(m.p.) • diesels • dyey-zel • djezɛl

diet

(m.s.) • regime alimentaire • rey-zheem al-ee-ma»n-tair • ʀeʒim alimɑ̃tɛʀ

(m.p.) • regimes alimentaires • rey-zheem zal-ee-ma»n-tair • ʀeʒim alimɑ̃tɛʀ

difference

(f.s.) • différence • dee-fey-ra»(n)ss • difeʀɑ̃s

(f.p.) • différences • dee-fey-ra»(n)ss • difeʀɑ̃s

different

(m.s.) • différent • dee-fey-ra»(n) • difeʀɑ

(m.p.) • différents • dee-fey-ra»(n) • difeʀɑ

(f.s.) • différente • dee-fey-ra»nt • difeʀɑ̃t

(f.p.) • différentes • dee-fey-ra»nt • diferɑ̃t

difficult

(m.s.) • difficile • dee-fee-sseel • difisil

(m.p.) • difficiles • dee-fee-sseel • difisil

(f.s.) • difficile • dee-fee-sseel • difisil

(f.p.) • difficiles • dee-fee-sseel • difisil

difficulty

(f.s.) • difficulté • dee-fee-k[eey]ul-tey • difikylte

(f.p.) • difficultés • dee-fee-k[eey]ul-tey • difikylte

digital camera

(m.s.) • appareil photo numérique • a-pa-rey foe-toe n[eey]u-mey-reek • apaʀɛj fɔto nymeʀik

(m.p.) • appareils photo numériques • a-pa-rey foe-toe n[eey]u-mey-reek • apaʀɛj fɔto nymeʀik

dinner

(m.s.) • dîner • dee-ney • dine

(m.p.) • dîners • dee-ney • dine

direct

(m.s.) • direct • dee-rekt • diʀɛkt

(m.p.) • directs • dee-rekt • diʀɛkt

(f.s.) • direct • dee-rekt • diʀɛkt

(f.p.) • directs • dee-rekt • diʀɛkt

direction

    (f.s.) • direction • dee-rek-ssyo»(n) • diʀɛksjɔ

    (f.p.) • directions • dee-rek-ssyo»(n) • diʀɛksjɔ

dirty

    (m.s.) • sale • ssal • sal

    (m.p.) • sales • ssal • sal

    (f.s.) • sale • ssal • sal

    (f.p.) • sales • ssal • sal

disabled

    (m.s.) • handicapé • a»n-dee-ka-pey • ãdikape

    (m.p.) • handicapés • a»n-dee-ka-pey • ãdikape

    (f.s.) • handicapée • a»n-dee-ka-pey • ãdikape

    (f.p.) • handicapées • a»n-dee-ka-pey • ãdikape

disagreement

    (m.s.) • désaccord • dey-za-korh • dezakɔʀ

    (m.p.) • désaccords • dey-za-korh • dezakɔʀ

discrimination

    (f.s.) • discrimination • deess-kree-mee-na-ssyo»(n) • diskʀiminasjɔ (f.p.) • discriminations • deess-kree-mee-na-ssyo»(n) • diskʀiminasjɔ

disease

(f.s.) • maladie • ma-la-dee • maladi

(f.p.) • maladies • ma-la-dee • maladi

dish - as in 'a food dish' like spaghetti bolognaise or burger and fries.

(m.s.) • plat • pla • pla

(m.p.) • plats • pla • pla

dish – as in 'the crockery the food comes in/on'.

(f.s.) • assiette • a-ssyet • asjɛt

(f.p.) • assiettes • a-ssyet • asjɛt

disposable

(m.s.) • jetable • zhu»-ta-bl{uh} • ʒətabl

(m.p.) • jetables • zhu»-ta-bl{uh} • ʒətabl

(f.s.) • jetable • zhu»-ta-bl{uh} • ʒətabl

(f.p.) • jetables • zhu»-ta-bl{uh} • ʒətabl

dive - as in 'a deep-sea dive' or 'a dive from a diving board'.

(f.s.) • plongée • plo»(n)-zhey • plɔ̃ʒe

(f.p.) • plongées • plo»(n)-zhey • plɔ̃ʒe

dive – as in 'to deep-sea dive or dive from a diving board'.

    plonger • plo»(n)-zhey • plɔ̃ʒe

diving – as in 'the sport'. In French, this noun is generally only used in the singular form. See also "dive".

(f.s.) • plongée • plo»(n)-zhey • plɔ̃ʒe

do

    faire • fair • fɛʀ

doll

(f.s.) • poupée • poo-pey • pupe

(f.p.) • poupées • poo-pey • pupe

dollar

    (m.s.) • dollar • do-larh • dɔlaʀ

    (m.p.) • dollars • do-larh • dɔlaʀ

door

    (f.s.) • porte • porht • pɔʀt

    (f.p.) • portes • porht • pɔʀt

dose

    (f.s.) • dose • doez • doz

    (f.p.) • doses • doez • doz

double

    double • doo-bl{uh} • dubl

double bed

    (m.s.) • lit deux personnes • lee duh peurh-son • li dø pɛrsɔn

    (m.p.) • lits deux personnes • lee duh peurh-son • li dø pɛrsɔn

double room

    (f.s.) • chambre double • sha»m-br{uh} doo-bl{uh} • ʃɑ̃bʀ dubl

    (f.p.) • chambres doubles • sha»m-br{uh} doo-bl{uh} • ʃɑ̃bʀ dubl

dozen

    (f.s.) • douzaine • doo-zen • duzɛn

    (f.p.) • douzaines • doo-zen • duzɛn

drama

    (m.s.) • drame • dram • dʀam

    (m.p.) • drames • dram • dʀam

dream

    (m.s.) • rêve • rev • ʀɛv

    (m.p.) • rêves • rev • ʀɛv

dress

    (f.s.) • robe • rob • ʀɔb

    (f.p.) • robes • rob • ʀɔb

drink

    boire • bwarh • bwaʀ

drinkable

    (m.s.) • potable • po-ta-bl{uh} • pɔtabl

    (m.p.) • potables • po-ta-bl{uh} • pɔtabl

    (f.s.) • potable • po-ta-bl{uh} • pɔtabl

    (f.p.) • potables • po-ta-bl{uh} • pɔtabl

drive

    conduire • ko»n-dweer • kɔ̃dɥiʀ

driver

    (m.s.) • conducteur • ko»n-d[eey]uk-teurh • kɔ̃dyktœʀ

    (m.p.) • conducteurs • ko»n-d[eey]uk-teurh • kɔ̃dyktœʀ

    (f.s.) • conductrice • ko»n-d[eey]uk-treess • kɔ̃dyktris

    (f.p.) • conductrices • ko»n-d[eey]uk-treess • kɔ̃dyktris

driving licence

(m.s.) • permis de conduire • pair-mee duh ko»n-dweer • pɛʀmi də kɔ̃dɥiʀ (m.p.) • permis de conduire • pair-mee duh ko»n-dweer • pɛʀmi də kɔ̃dɥiʀ

drug - as in 'legal medication'.

    (m.s.) • médicament • mey-dee-ka-ma»(n) • medikamɑ

    (m.p.) • médicaments • mey-dee-ka-ma»(n) • medikamɑ

drug addicted

    (m.s.) • drogué • dro-gey • dʀɔge

    (m.p.) • drogués • dro-gey • dʀɔge

    (f.s.) • droguée • dro-gey • dʀɔge

    (f.p.) • droguées • dro-gey • dʀɔge

drugs - when used as the generic term for illicit drugs, the French is generally only used in the singular form.

    (f.s.) • drogue • drog • dʀɔg

drunk

    (m.s.) • ivre • eev-r{uh} • ivʀ

    (m.p.) • ivres • eev-r{uh} • ivʀ

    (f.s.) • ivre • eev-r{uh} • ivʀ

    (f.p.) • ivres • eev-r{uh} • ivʀ

duck

    (m.s.) • canard • ka-narh • kanaʀ

(m.p.) • canards • ka-narh • kanaʀ

dumb

(m.s.) • muet • m[eey]u-e • mɥɛ

(m.p.) • muets • m[eey]u-e • mɥɛ

(f.s.) • muette • m[eey]u-et • mɥɛt

(f.p.) • muettes • m[eey]u-et • mɥɛt

during

pendant • pa»n-da»(n) • pãdɑ

dustbin

(f.s.) • poubelle • poo-bel • pubɛl

(f.p.) • poubelles • poo-bel • pubɛl

E

each

chaque • shak • ʃak

early

tôt • toe • to

earrings

(f.s.) • boucle d'oreille • boo-kl{uh} do-re-y{uh} • bukl dɔʀɛj (f.p.) • boucles d'oreille • boo-kl{uh} do-re-y{uh} • bukl dɔʀɛj

earth

    (f.s.) • terre • tair • tɛʀ

    (f.p.) • terres • tair • tɛʀ

earthquake

(m.s.) • tremblement de terre• tra»m-blu»-ma»(n) du»-tair • tʀɑ̃bləmɑ də tɛʀ

(m.p.) • tremblements de terre• tra»m-blu»-ma»(n) du»-tair • tʀɑ̃bləmɑ də tɛʀ

ear

    (f.s.) • oreille • o-re-y{uh} • ɔʀɛj

    (f.p.) • oreilles • o-re-y{uh} • ɔʀɛj

Easter – in French, this religious festival is generally only used in the singular form.

    (m.s.) • Pâques • pa»k • pɑk

east

    est • est • ɛst

easy

    (m.s.) • facile • fa-sseel • fasil

    (m.p.) • faciles • fa-sseel • fasil

(f.s.) • facile • fa-sseel • fasil

(f.p.) • faciles • fa-sseel • fasil

eat

manger • ma»(n)-zhey • mɑ̃ʒe

economy class – in French, this noun is generally only used in the singular form.

(f.s.) • seconde classe • ssu»-ko»nd kla»ss • səgɔ̃d klɑs

edge

(m.s.) • bord • borh • bɔʀ

(m.p.) • bords • borh • bɔʀ

education

(f.s.) • éducation • e-d[eey]u-ka-ssyo»(n) • edykasjɔ

(f.p.) • éducations • e-d[eey]u-ka-ssyo»(n) • edykasjɔ

egg

(m.s.) • œuf • u»f • œf

(m.p.) • œuf • uh • œ

electricity

(f.s.) • éléctricité • ey-lek-tree-ssee-tey • elɛktʀisite

(f.p.) • éléctricités • ey-lek-tree-ssee-tey • elɛktʀisite

elevator
- (m.s.) • ascenseur • a-ssa»(n)-sseurh • asɑ̃sœʀ
- (m.p.) • ascenseurs • a-ssa»(n)-sseurh • asɑ̃sœʀ

email
- (m.s.) • e-mail • ee-mel • imɛl
- (m.p.) • e-mails • ee-mel • imɛl

embarressed
- (m.s.) • embarrassé • a»m-ba-ra-ssey • ɑ̃baʀase
- (m.p.) • embarrassés • a»m-ba-ra-ssey • ɑ̃baʀase
- (f.s.) • embarrassée • a»m-ba-ra-ssey • ɑ̃baʀase
- (f.p.) • embarrassées • a»m-ba-ra-ssey • ɑ̃baʀase

embassy
- (f.s.) • ambassade • a»m-ba-ssad • ɑ̃basad
- (f.p.) • ambassades • a»m-ba-ssad • ɑ̃basad

emergency
- (f.s.) • urgence • [eey]urh-zha»(n)ss • yʀʒɑ̃s
- (f.p.) • urgences • [eey]urh-zha»(n)ss • yʀʒɑ̃s

employee
- (m.s.) • employé • a»m-plwa-yey • ɑ̃plwaje
- (m.p.) • employés • a»m-plwa-yey • ɑ̃plwaje
- (f.s.) • employée • a»m-plwa-yey • ɑ̃plwaje

(f.p.) • employées • a»m-plwa-yey • ɑ̃plwaje

employer

    (m.s.) • employeur • a»m-plwa-yeurh • ɑ̃plwajœʀ

    (m.p.) • employeurs • a»m-plwa-yeurh • ɑ̃plwajœʀ

    (f.s.) • employeuse • a»m-plwa-yu»z • ɑplwajøz

    (f.p.) • employeuses • a»m-plwa- yu»z • ɑplwajøz

empty

    (m.s.) • vide • veed • vid

    (m.p.) • vides • veed • vid

    (f.s.) • vide • veed • vid

    (f.p.) • vides • veed • vid

end

(f.s.) • fin • fe»(n) • fɛ

(f.p.) • fins • fe»(n) • fɛ

end (to end)

    finir • fee-neer • finiʀ

endangered species

    (f.s.) • espèce en voie de disparition • ess-pess a»(n) vwa duh dee-sspa-ree-ssyo»(n) • ɛspɛs ɑ vwa də dispaʀisjɔ (f.p.) • espèces en voie de disparition • ess-pess u»z-a»(n) vwa duh dee-sspa-ree-ssyo»(n) • ɛspɛs ɑ vwa də dispaʀisjɔ

engine - as in 'an appointment'.

(m.s.) • engagement • a»ng-gazh-ma»(n) • ɑgaʒmɑ

(m.p.) • engagements • a»ng-gazh-ma»(n) • ɑgaʒmɑ

engagement - as in 'an engagement to be married'. In French, this noun is generally only used in the plural form.

(m.p.) • fiançailles • fee-ya»(n)-ssa»-y{uh} • fjɑ̃sɑj

engine

(m.s.) • moteur • mo-teurh • mɔtœʀ

(m.p.) • moteurs • mo-teurh • mɔtœʀ

England – generally only used in the singular form.

(f.s.) • Angleterre • a»ng-glu»-tair • ɑglətɛʀ

English

(m.s.) • anglais • a»ng-gle • ɑglɛ

(m.p.) • anglais • a»ng-gle • ɑglɛ

(f.s.) • anglaise • a»ng-glez • ɑglɛz

(f.p.) • anglaises • a»ng-glez • ɑglɛz

enjoy

s'amuser • ssa-m[eey]u-zey • samyze

enough – as in 'quite, sufficiently' e.g. 'It's nice enough'.

    assez • a-ssey • ase

enough (quantity e.g. "enough apples", "enough of this")

    assez de • a-ssey duh • ase d

enter

    entrer • a»n-trey • ɑ̃tʀe

entrance

    (f.s.) • entrée • a»n-trey • ɑ̃tʀe

    (f.p.) • entrées • a»n-trey • ɑ̃tʀe

envelope

    (f.s.) • enveloppe • a»(n)-vu»-lop • ɑ̃vlɔp

    (f.p.) • enveloppes • a»(n)-vu»-lop • ɑ̃vlɔp

environment

    (m.s.) • environnement • a»(n)-vee-ro»n-ma»(n) • ɑ̃viʀɔnmɑ

    (m.p.) • environnements • a»(n)-vee-ro»n-ma»(n) • ɑ̃viʀɔnmɑ

equipment - in English, this noun is uncountable. In French, however, it is a countable noun, corresponding to 'a *piece* of equipment' and can therefore be used in the plural form, corresponding to '*pieces* of equipment'.

    (m.s.) • équipement • ey-keep-ma»(n) • ekipmɑ

(m.p.) • équipements • ey-keep-ma»(n) • ekipmɑ

escalator

(m.s.) • escalier mécanique • ess-ka-lee-yey mey-ka-neek • ɛskalje mekanik

(m.p.) • escaliers mécaniques • ess-ka-lee-yey mey-ka-neek • ɛskalje mekanik

Euro

(m.s.) • Euro • eurh-oe • øʀo

(m.p.) • Euros • eurh-oe • øʀo

European

(m.s.) • européen • eurh-o-pey-e»(n) • øʀɔpeɛ

(m.p.) • européens • eurh-o-pey-e»(n) • øʀɔpeɛ

(f.s.) • européenne • eurh-o-pey-en • øʀɔpeɛn

(f.p.) • européennes • eurh-o-pey-en • øʀɔpeɛn

evening

(m.s.) • soir • sswarh • swaʀ

(m.p.) • soirs • sswarh • swaʀ

everybody – this is only used in the singular form.

(m.s.) • tout le monde • too luh mo»nd • tu lə mɔ̃d

everything – this is only used in the singular form.

(m.s.) • tout • too • tu

exam

    (m.s.) • examen • eg-za-me»(n) • εgzamε

    (m.p.) • examens • eg-za-me»(n) • εgzamε

example

    (m.s.) • exemple • eg-za»m-pl{uh} • εgzɑ̃pl

    (m.p.) • exemples • eg-za»m-pl{uh} • εgzɑ̃pl

excellent

    (m.s.) • excellent • ek-sse-la»(n) • εksεlɑ

    (m.p.) • excellents • ek-sse-la»(n) • εksεlɑ

    (f.s.) • excellente • ek-sse-la»nt • εksεlɑ̄t

    (f.p.) • excellentes • ek-sse-la»nt • εksεlɑ̄t

excess baggage

    (m.s.) • excédent de bagages • ek-ssey-da»(n) duh ba-gazh • εksedɑ də bagaʒ

    (m.p.) • excédents de bagages • ek-ssey-da»(n) duh ba-gazh • εksedɑ də bagaʒ

exchange

    (m.s.) • échange • ey-sha»(n)zh • eʃɑ̃ʒ

    (m.p.) • échanges • ey-sha»(n)zh • eʃɑ̃ʒ

excursion

(f.s.) • excursion • ek-ssk[eey]urh-ssyo»(n) • ɛkskyʀsjɔ

(f.p.) • excursions • ek-ssk[eey]urh-ssyo»(n) • ɛkskyʀsjɔ

exhibition

(f.s.) • exposition • ek-sspoe-zee-ssyo»(n) • ekspozıʃɔ

(f.p.) • expositions • ek-sspoe-zee-ssyo»(n) • ekspozıʃɔ

exit

(f.s.) • sortie • ssorh-tee • sɔʀti

(f.p.) • sorties • ssorh-tee • sɔʀti

expensive

(m.s.) • cher • shair • ʃɛʀ

(m.p.) • chers • shair • ʃɛʀ

(f.s.) • chère • shair • ʃɛʀ

(f.p.) • chères • shair • ʃɛʀ

experience

(f.s.) • expérience • ek-sspey-rya»nss • ɛkspeʀjɑ̃s

(f.p.) • expériences • ek-sspey-rya»nss • ɛkspeʀjɑ̃s

exploitation

(f.s.) • exploitation • ek-ssplwa-ta-ssyo»(n) • ɛksplwatasjɔ (f.p.) • exploitations • ek-ssplwa-ta-ssyo»(n) • ɛksplwatasjɔ

express

    (m.s.) • rapide • ra-peed • ʀapid

    (m.p.) • rapides • ra-peed • ʀapid

    (f.s.) • rapide • ra-peed • ʀapid

    (f.p.) • rapides • ra-peed • ʀapid

extend

    prolonger • pro-lo»(n)-zhey • pʀɔlõʒe

eye

    (m.s.) • œil • u»y • œj

    (m.p.) • yeux • yuh • jø

F

fabric

    (m.s.) • tissu • tee-ss[eey]u • tisy

    (m.p.) • tissus • tee-ss[eey]u • tisy

face

    (m.s.) • visage • vee-zazh • vizaʒ

    (m.p.) • visages • vee-zazh • vizaʒ

factory

(f.s.) • usine • [eey]u-zeen • yzin

(f.p.) • usines • [eey]u-zeen • yzin

fall

tomber • to»m-bey • tɔ̃be

false

(m.s.) • faux • foe • fo

(m.p.) • faux • foe • fo

(f.s.) • fausse • foess • fos

(f.p.) • fausses • foess • fos

family

(f.s.) • famille • fa-mee-y{uh} • famij

(f.p.) • familles • fa-mee-y{uh} • famij

famous

(m.s.) • célèbre• ssey-leb-r{uh} • selɛbʀ

(m.p.) • célèbres• ssey-leb-r{uh} • selɛbʀ

(f.s.) • célèbre• ssey-leb-r{uh} • selɛbʀ

(f.p.) • célèbres• ssey-leb-r{uh} • selɛbʀ

fan

(m.s.) • ventilateur • va»n-tee-la-teurh • vɑ̃tilatœʀ

(m.p.) • ventilateurs • va»n-tee-la-teurh • vɑ̃tilatœʀ

far

loin • lwe»(n) • lwɛ

farm

    (f.s.) • ferme • fairm • fɛʀm

    (f.p.) • fermes • fairm • fɛʀm

farmer

    (m.s.) • agriculteur • a-gree-k[eey]ul-teurh • agʀikyltœʀ

    (m.p.) • agriculteurs • a-gree-k[eey]ul-teurh • agʀikyltœʀ

    (f.s.) • agricultrice • a-gree-k[eey]ul-treess • agʀikylʀis

    (f.p.) • agricultrices • a-gree-k[eey]ul-treess • agʀikylʀis

fashion

    (f.s.) • mode • mod • mɔd

    (f.p.) • mode • mod • mɔd

fast - adjective

    (m.s.) • rapide • ra-peed • ʀapid

    (m.s.) • rapides • ra-peed • ʀapid

    (f.s.) • rapide • ra-peed • ʀapid

    (f.s.) • rapides • ra-peed • ʀapid

fat

(m.s.) • gros • groe • gʀo

(m.p.) • gros • groe • gʀo

(f.s.) • grosse • groess • gʀɔs

(f.p.) • grosses • groess • gʀɔs

father

(m.s.) • père • pair • pɛʀ

(m.p.) • pères • pair • pɛʀ

father-in-law

(m.s.) • beau-père • boe-pair • bopɛʀ

(m.p.) • beaux-pères • boe-pair • bopɛʀ

faulty

(m.s.) • défectueux • dey-fek-t[eey]u-uh • defɛktɥø

(m.p.) • défectueux • dey-fek-t[eey]u-uh • defɛktɥø

(f.s.) • défectueuse • dey-fek-t[eey]u-uh • defɛktɥøz

(f.p.) • défectueuses • dey-fek-t[eey]u-uh • defɛktɥøz

favourite

(m.s.) • préféré • prey-fey-rey • pʀefeʀe

(m.p.) • préférés • prey-fey-rey • pʀefeʀe

(f.s.) • préférée • prey-fey-rey • pʀefeʀe

(f.p.) • préférées • prey-fey-rey • pʀefeʀe

fee – in French, this noun is generally only used in the plural form.

    (m.p.) • frais • fre • fʀɛ

feel

    éprouver • ey-proo-vey • epʀuve

feeling

    (m.s.) • sentiment • ssa»n-tee-ma»(n) • sɑ̃tima

    (m.p.) • sentiments • ssa»n-tee-ma»(n) • sɑ̃tima

ferry

    (m.s.) • ferry • fey-ree • feʀi

    (m.p.) • ferrys • fey-ree • feʀi

festival

    (f.s.) • fête • fet • fɛt

    (f.p.) • fêtes • fet • fɛt

few - as in "a few", 'a small quantity of a countable noun' e.g. a few apples.

    quelques • kel-k{uh} • kɛlk

fiancé / fiancée

    (m.s.) • fiancé • fee-ya»(n)-ssey • fjɑ̃se

    (m.p.) • fiancés • fee-ya»(n)-ssey • fjɑ̃se

    (f.s.) • fiancée • fee-ya»(n)-ssey • fjɑ̃se

  (f.p.) • fiancées • fee-ya»(n)-ssey • fjɑ̃se

fiction

  (f.s.) • fiction • feek-ssyo»(n) • fiksjɔ

  (f.p.) • fictions • feek-ssyo»(n) • fiksjɔ

field

  (m.s.) • champ • sha»(n) • ʃɑ

  (m.p.) • champs • sha»(n) • ʃɑ

fight

  (f.s.) • lutte • l[eey]ut • lyt

  (f.p.) • luttes • l[eey]ut • lyt

film

  (m.s.) • film • feelm • film

  (m.p.) • films • feelm • film

film director

  (m.s.) • réalisateur • rey-a-lee-za-teurh • ʀealizatœʀ

  (m.p.) • réalisateurs • rey-a-lee-za-teurh • ʀealizatœʀ

  (f.s.) • réalisatrice • rey-a-lee-za-treess • ʀealizatʀis

  (f.p.) • réalisatrices • rey-a-lee-za- treess • ʀealizatʀis

find

  trouver • troo-vey • tʀuve

fine - as in 'a financial penalty for contravening the law'.

    (f.s.) • amende • a-ma»nd • amɑ̃d

    (f.p.) • amendes • a-ma»nd • amɑ̃d

finger

    (m.s.) • doigt • dwa • dwa

    (m.p.) • doigts • dwa • dwa

finish

    finir • fee-neer • finiʀ

fire

    (m.s.) • feu • fuh • fø

    (m.p.) • feux • fuh • fø

first

    (m.s.) • premier • pru»-myey • pʀəmje

    (m.p.) • premiers • pru»-myey • pʀəmje

    (f.s.) • première • pru»-myair • pʀəmjɛʀ

    (f.p.) • premières • pru»-myair • pʀəmjɛʀ

first class

    (f.s.) • première classe • pru»-myair kla»ss • pʀəmjɛʀ klɑs

    (f.p.) • premières classes • pru»-myair kla»ss • pʀəmjɛʀ klɑs

first-aid – in French, this noun is usually only used in the plural form.

    (m.p.) • premiers secours • pru»-myey ssu»-koorh • pʀəmje səkuʀ

fish

    (m.s.) • poisson • pwa-sso»(n) • pwasɔ

    (m.p.) • poissons • pwa-sso»(n) • pwasɔ

flag

    (m.s.) • drapeau • dra-poe • dʀapo

    (m.p.) • drapeaux • dra-poe • dʀapo

flat

    (m.s.) • appartement • a-parh-tu»-ma»(n) • apaʀtəmɑ

    (m.p.) • appartements • a-parh-tu»-ma»(n) • apaʀtəmɑ

flea

    (f.s.) • puce • p[eey]uss • pys

    (f.p.) • puces • p[eey]uss • pys

flight

    (m.s.) • vol • vol • vɔl

    (m.p.) • vols • vol • vɔl

floor – as in 'the ground under one's feet'.

(m.s.) • sol • ssol • sɔl

(m.p.) • sols • ssol • sɔl

floor – as in 'the different levels of a building'.

(m.s.) • étage • ey-tazh • etaʒ

(m.p.) • étages • ey-tazh • etaʒ

florist

(m.s.) • fleuriste • fleurh-reesst • flœʀist

(m.p.) • fleuristes • fleurh-reesst • flœʀist

(f.s.) • fleuriste • fleurh-reesst • flœʀist

(f.p.) • fleuristes • fleurh-reesst • flœʀist

flower

(f.s.) • fleur • fleurh • flœʀ

(f.p.) • fleurs • fleurh • flœʀ

Flu – as in 'the illness'. In French, this noun is usually only used in the singular form.

(f.s.) • grippe • greep • gʀip

(f.p.) • grippes • greep • gʀip

fly – as in 'to fly an aircraft'.

piloter • pee-loe-tey • pilɔte

fog

(m.s.) • brouillard • broo-yarh • bʀujaʀ

(m.p.) • brouillards • broo-yarh • bʀujaʀ

follow

suivre • swee-vr{uh} • sɥivʀ

food

(f.s.) • nourriture • noo-ree-t[eey]urh • nuʀityʀ

(f.p.) • nourritures • noo-ree-t[eey]urh • nuʀityʀ

foot – as in 'the part of the body'. The same word is also used for the imperial measurement.

(m.s.) • pied • pyey• pje

(m.p.) • pieds • pyey• pje

football – as in 'the game of football'. In French, this noun is usually only used in the singular form.

(m.s.) • football • foot-bol • futbol

football – as in 'the ball used to play the game of football'.

(m.s.) • ballon de foot • ba-lo»(n) duh foot • balɔ d fut

(m.p.) • ballons de foot • ba-lo»(n) duh foot • balɔ d fut

footpath

(m.s.) • trottoir • tro-twarh • tʀɔtwaʀ

(m.p.) • trottoirs • tro-twarh • tʀɔtwaʀ

for
> pour • poorh • puʀ

foreign
> (m.s.) • étranger • ey-tra»(n)-zhey • etʀɑ̃ʒe
>
> (m.p.) • étrangers • ey-tra»(n)-zhey • etʀɑ̃ʒe
>
> (f.s.) • étrangère • ey-tra»(n)-zhair • etʀɑ̃ʒɛʀ
>
> (f.p.) • étrangères • ey-tra»(n)-zhair • etʀɑ̃ʒɛʀ

foreigner
> (m.s.) • étranger • ey-tra»(n)-zhey • etʀɑ̃ʒe
>
> (m.p.) • étrangers • ey-tra»(n)-zhey • etʀɑ̃ʒe
>
> (f.s.) • étrangère • ey-tra»(n)-zhair • etʀɑ̃ʒɛʀ
>
> (f.p.) • étrangères • ey-tra»(n)-zhair • etʀɑ̃ʒɛʀ

forest
> (f.s.) • forêt • fo-re • fɔʀɛ
>
> (f.p.) • forêts • fo-re • fɔʀɛ

forget
> oublier • oo-blee-yey • ublije

forgive
> pardonner • parh-do-ney • paʀdɔne

fork
> (f.s.) • fourchette • foorh-shet • fuʀʃɛt

(f.p.) • fourchettes • foorh-shet • fuʀʃɛt

fragile

(m.s.) • fragile • fra-zheel • fʀaʒil

(m.p.) • fragiles • fra-zheel • fʀaʒil

(f.s.) • fragile • fra-zheel • fʀaʒil

(f.p.) • fragiles • fra-zheel • fʀaʒil

frame

(m.s.) • cadre • ka»-dr{uh} • kadʀ

(m.p.) • cadres • ka»-dr{uh} • kadʀ

France – generally only used in the singular form.

(f.s.) • France • fra»(n)ss • fʀɑ̃s

free – as in 'available, not taken'.

(m.s.) • libre • lee-br{uh} • libʀ

(m.p.) • libres • lee-br{uh} • libʀ

(f.s.) • libre • lee-br{uh} • libʀ

(f.p.) • libres • lee-br{uh} • libʀ

free – as in 'not requiring payment'.

(m.s.) • gratuit • gra-twee • gʀatɥi

(m.p.) • gratuits • gra-twee • gʀatɥi

(f.s.) • gratuite • gra-tweet • gʀatɥit

(f.p.) • gratuites • gra-tweet • gʀatɥit

free dive – noun, as in 'one dive in the sport of free diving'.

    (f.s.) • apnée libre • ap-ney lee-br{uh} • apne libʀ

    (f.p.) • apnées libres • ap-ney lee-br{uh} • apne libʀ

free diving – as in 'the sport of free diving'. In French, this noun is generally only used in the single form.

    (f.s.) • apnée libre • ap-ney lee-br{uh} • apne libʀ

freeze

    congeler • ko»(n)-zhu»-ley • kõʒle

French

    (m.s.) • français • fra»(n)-sse • fʀɑ̃sɛ

    (m.p.) • français • fra»(n)-sse • fʀɑ̃sɛ

    (f.s.) • française • fra»(n)-ssez • fʀɑ̃sɛz

    (f.p.) • françaises • fra»(n)-ssez • fʀɑ̃sɛz

fresh

    (m.s.) • frais • fre • fʀɛ

    (m.p.) • frais • fre • fʀɛ

    (f.s.) • fraîche • fresh • fʀɛʃ

    (f.p.) • fraîches • fresh • fʀɛʃ

fridge

(m.s.) • réfrigérateur • rey-free-zhey-ra-teurh • ʀefʀiʒeʀatœʀ

(m.p.) • réfrigérateurs • rey-free-zhey-ra-teurh • ʀefʀiʒeʀatœʀ

friend

(m.s.) • ami • a-mee • ami

(m.p.) • amis • a-mee • ami

(f.s.) • amie • a-mee • ami

(f.p.) • amies • a-mee • ami

frozen

(m.s.) • gelé • zhu»-le • ʒəle

(m.p.) • gelés • zhu»-le • ʒəle

(f.s.) • gelée • zhu»-le • ʒəle

(f.p.) • gelées • zhu»-le • ʒəle

fruit

(m.s.) • fruit • frwee • fʀɥi

(m.p.) • fruits • frwee • fʀɥi

fry

frire • freer • fʀiʀ

full

(m.s.) • plein • ple»(n) • plɛ

163

    (m.p.) • pleins • ple»(n) • plɛ

    (f.s.) • pleine • plen • plɛn

    (f.p.) • pleines • plen • plɛn

full board – in French, this is usually only used in the singular form.

    (f.s.) • pension complète • pa»(n)-ssyo»(n) ko»m-plet • pã́sjɔ kɔ̃plɛt

full-time

    à plein temps • a ple»(n) ta»(n) • a plɛ tɑ

fun

    (m.s.) • amusement • a-m[eey]u-zma»(n) • amyzmɑ

    (m.p.) • amusements • a-m[eey]u-zma»(n) • amyzmɑ

funeral

    (m.s.) • enterrement • a»n-tair-ma»(n) • ɑ̃tɛʀmɑ

    (m.p.) • enterrements • a»n-tair-ma»(n) • ɑ̃tɛʀmɑ

funny

    (m.s.) • drôle • drol • dʀol

    (m.p.) • drôles • drol • dʀol

    (f.s.) • drôle • drol • dʀol

    (f.p.) • drôles • drol • dʀol

fur

    (f.s.) • fourrure • foo-r[eey]urh • fuʀyʀ

    (f.p.) • fourrures • foo-r[eey]urh • fuʀyʀ

furniture – in English, this noun is uncountable. In French, however, it is a countable noun, corresponding to 'a *piece* of furniture' and can therefore be used in the plural form, corresponding to *'pieces* of furniture'.

    (m.s.) • meuble • mu»-bl{uh} • mœble

    (m.p.) • meubles • mu»-bl{uh} • mœble

future – noun, as in 'the time yet to come'.

    (m.s.) • avenir • a-vneer • av(ə)niʀ

    (m.p.) • avenirs • a-vneer • av(ə)niʀ

future – adjective

    (m.s.) • futur • f[eey]u-t[eey]urh • fytyʀ

    (m.p.) • futurs • f[eey]u-t[eey]urh • fytyʀ

    (f.s.) • future • f[eey]u-t[eey]urh • fytyʀ

    (f.p.) • futures • f[eey]u-t[eey]urh • fytyʀ

G

game

    (m.s.) • jeu • zhuh • ʒø

(m.p.) • jeux • zhuh • ʒø

garage

(m.s.) • garage • ga-razh • gaʁaʒ

(m.p.) • garages • ga-razh • gaʁaʒ

garden

(m.s.) • jardin • zharh-de»(n) • ʒaʁdɛ

(m.p.) • jardins • zharh-de»(n) • ʒaʁdɛ

gas

(m.s.) • gaz • gaz • gaz

(m.p.) • gaz • gaz • gaz

gasoline

(f.s.) • essence • ey-ssa»(n)ss • esɑ̃s

(f.p.) • essences • ey-ssa»(n)ss • esɑ̃s

gate

(f.s.) • barrière • ba-ryair • baʁjɛʁ

(f.p.) • barrières • ba-ryair • baʁjɛʁ

gay – when referring to somebody homosexual, this adjective tends to remain invariable.

(m.s.) • gay • gey • ɡe

(m.p.) • gay • gey • ɡe

(f.s.) • gay • gey • ɡe

(f.p.) • gay • gey • gɛ

general

(m.s.) • général • zhey-ney-ral • ʒeneʀal

(m.p.) • généraux • zhey-ney-roe • ʒeneʀo

(f.s.) • générale • zhey-ney-ral • ʒeneʀal

(f.p.) • générales • zhey-ney-ral • ʒeneʀal

get off

descendre • dey-ssa»n-dr{uh} • dɛsɑ̃dʀ

get on – verb, as in 'to get on a means of transport'.
bo»(n) get on – verb, as in 'to advance with a project'.

avancer • a-va»(n)-ssey • avɑ̃se

girl

(f.s.) • fille • fee-y{uh} • fij

(f.p.) • filles • fee-y{uh} • fij

give

donner • do-ney • dɔne

glass – as in 'what one would drink out of', but also 'the material that makes up window panes'.

(m.s.) • verre • vair • vɛʀ

(m.p.) • verres • vair • vɛʀ

glasses – as in 'spectacles, glasses to help one see better'. In French, this noun is generally only used in the plural form.

    (f.s.) • lunettes • l[eey]u-net • lynɛt

glove

    (m.s.) • gant • ga»(n) • gɑ

    (m.p.) • gants • ga»(n) • gɑ

go

    aller • a-ley • ale

go across

    traverser • tra-vair-ssey • tʀavɛʀse

go out with

    sortir avec • ssorh-teer a-vek • sɔʀtiʀ avɛk

go up

    monter • mo»n-tey • mɔ̃te

god

    (m.s.) • dieu • dyuh • djø

    (m.p.) • dieux • dyuh • djø

goddess

    (f.s.) • déesse • dey-ess • deɛs

gold

    (m.s.) • or • orh • ɔr

(m.p.) • ors • orh • ɔr

good

(m.s.) • bon • bo»(n) • bɔ

(m.p.) • bons • bo»(n) • bɔ

(f.s.) • bonne • bon • bon

(f.p.) • bonnes • bon • bon

government

(m.s.) • gouvernment • goo-vair-nu»-ma»(n) • guvɛʀnəmɑ

(m.p.) • gouvernments • goo-vair-nu»-ma»(n) • guvɛʀnəmɑ

gram

(m.s.) • gramme • gram • gʀam

(m.p.) • grammes • gram • gʀam

grandchild – in French, nouns referring to people can generally be masculine or feminine, depending on the gender of the person. The word 'pharmacien' translates as 'a male chemist', 'pharmacienne' translates as 'a female chemist'. There are, however, exceptions, where the word is only either masculine or feminine, irrespective of the gender of the person. This is one of these exceptions. The noun is generally only used in the masculine form.

   (m.s.) • petit-enfant • pu»-tee-ta»(n)-fa»(n) • pətit ɑ̃fɑ

   (m.p.) • petits-enfants • pu»-tee-za»(n)-fa»(n) • pətit ɑ̃fɑ

grandfather

   (m.s.) • grand-père • gra»(n)-pair • gʀɑ̃pɛʀ

   (m.p.) • grands-pères • gra»(n)-pair • gʀɑ̃pɛʀ

grandmother

   (f.s.) • grand-mère • gra»(n)-mair • gʀɑ̃mɛʀ

   (f.p.) • grand-mères • gra»(n)-mair • gʀɑ̃mɛʀ

grapes – this noun is usually used in the singular form to describe the fruit the English uses in the plural form. E.g. I like grapes = j'aime le raisin.

   (m.s.) • raisin • re-ze»(n) • ʀɛzɛ

grass

   (f.s.) • herbe • airb • ɛʀb

   (f.p.) • herbes • airb • ɛʀb

grave

   (f.s.) • tombe • to»mb • tɔ̃b

   (f.p.) • tombes • to»mb • tɔ̃b

great – as in 'fabulous'.

   (m.s.) • génial • zhey-nyal • ʒenjal ʒenjo

(m.p.) • géniaux • zhey-nyoe • ʒenjo

(f.s.) • géniale • zhey-nyal • ʒenjal

(f.p.) • géniales • zhey-nyal • ʒenjal

Great Britain – generally only used in the singular form.

(f.s.) • Grande-Bretagne • gra»nd-bru»-ta-ny{uh} • gʀɑ̃dbʀətaɲ

green

(m.s.) • vert • vair • vɛʀ

(m.p.) • verts • vair • vɛʀ

(f.s.) • verte • vairt • vɛʀt

(f.p.) • vertes • vairt • vɛʀt

greengrocer's

(f.s.) • épicerie • ey-pee-ssree • episʀi

(f.p.) • épiceries • ey-pee-ssree • episʀi

grey

(m.s.) • gris • gree • gʀi

(m.p.) • gris • gree • gʀi

(f.s.) • grise • greez • gʀiz

(f.p.) • grises • greez • gʀiz

grocer's

(f.s.) • épicerie • ey-pee-ssree • episʀi

(f.p.) • épiceries • ey-pee-ssree • episʀi

group

(m.s.) • groupe • groop • gʀup

(m.p.) • groupes • groop • gʀup

grow – verb, as in 'to increase in size' for a plant.

croître • krwa-tr{uh} • kʀwatʀ

grow – verb, as in 'to increase in size' for a child.

grandir • gra»n-deer • gʀɑ̃diʀ

guesthouse

(f.s.) • maison d'hôtes • me-zo»(n) dot • mɛzɔ dot

(f.p.) • maisons d'hôtes • me-zo»(n) dot • mɛzɔ dot

guide - in French, nouns referring to people can generally be masculine or feminine, depending on the gender of the person. The word 'pharmacien' translates as 'a male chemist', 'pharmacienne' translates as 'a female chemist'. There are, however, exceptions, where the word is only either masculine or feminine, irrespective of the gender of the person. This is one of these exceptions. The noun is generally only used in the masculine form.

(m.s.) • guide • geed • gid

(m.p.) • guides • geed • gid

guidebook

    (m.s.) • guide touristique • geed too-ree-steek • gid tuʀistik

    (m.p.) • guides touristiques • geed too-ree-ssteek • gid tuʀistik

guided tour

    (f.s.) • visite guidée • vee-zeet gee-dey • vizit gide

    (f.p.) • visites guidées • vee-zeet gee-dey • vizit gide

guilty

    (m.s.) • coupable • koo-pa-bl{uh} • kupabl

    (m.p.) • coupables • koo-pa-bl{uh} • kupabl

    (f.s.) • coupable • koo-pa-bl{uh} • kupabl

    (f.p.) • coupables • koo-pa-bl{uh} • kupabl

guitar

    (f.s.) • guitare • gee-tarh • ɡitaʀ

    (f.p.) • guitares • gee-tarh • ɡitaʀ

gym – as in 'the establishment where one goes to work out'.

    (f.s.) • salle de sport • ssal duh ssporh • sal d spɔʀ

    (f.p.) • salles de sport • ssal duh ssporh • sal d spɔʀ

gymnastics

    (f.s.) • gymnastique • zheem-na-steek • ʒimnastik

H

hair – this noun is a countable noun in French, so the English "hair" would be "les cheveux" in French.

    (m.s.) • cheveu • shu»-vuh • ʃəvø

    (m.p.) • cheveux • shu»-vuh • ʃəvø

hair-dryer

    (m.s.) • sèche-cheveux • ssesh shu»-vuh • sɛʃʃəvø

    (m.p.) • sèche-cheveux • ssesh shu»-vuh • sɛʃʃəvø

hairdresser

    (m.s.) • coiffeur • kwa-feurh • kwafœʀ

    (m.p.) • coiffeurs • kwa-feurh • kwafœʀ

    (f.s.) • coiffeuse • kwa-fu»z • kwaføz

    (f.p.) • coiffeuses • kwa-fu»z • kwaføz

half

    (f.s.) • moitié • mwa-tyey • mwatje

    (f.p.) • moitiés • mwa-tyey • mwatje

ham – although usually used in the singular form to denote the uncountable noun 'meat', this noun is also used in the plural form to talk about a chunk or leg of the meat.

    (m.s.) • jambon • zha»m-bo»(n) • ʒɑ̃bɔ

(m.p.) • jambons • zha»m-bo»(n) • ʒɑbɔ

hand

(f.s.) • main • me»(n) • mɛ

(f.p.) • mains • me»(n) • mɛ

handkerchief

(m.s.) • mouchoir • moo-shwarh • muʃwaʀ

(m.p.) • mouchoirs • moo-shwarh • muʃwaʀ

hat

(m.s.) • chapeau • sha-poe • ʃapo

(m.p.) • chapeaux • sha-poe • ʃapo

have

avoir • a-vwarh • avwaʀ

he

(m.s.) • il • eel • il

head

(f.s.) • tête • tet • tɛt

(f.p.) • têtes • tet • tɛt

headache

(m.s.) • mal de tête • mal duh tet • mal də tɛt

(m.p.) • maux de tête • moe duh tet • mo də tɛt

health

(f.s.) • santé • ssa»n-tey • sɑ̃te

(f.p.) • santés • ssa»n-tey • sɑ̃te

hear

entendre • a»n-ta»n-dr{uh} • ɑ̃tɑ̃dʀ

heart

(m.s.) • cœur • keurh • kœʀ

(m.p.) • cœurs • keurh • kœʀ

heat

(f.s.) • chaleur • sha-leurh • ʃalœʀ

(f.p.) • chaleurs • sha-leurh • ʃalœʀ

heating

(m.s.) • chauffage • shoe-fazh • ʃofaʒ

(m.p.) • chauffages • shoe-fazh • ʃofaʒ

heavy

(m.s.) • lourd • loorh • luʀ

(m.p.) • lourds • loorh • luʀ

(f.s.) • lourde • loorhd • luʀd

(f.p.) • lourdes • loorhd • luʀd

heel

(m.s.) • talon • ta-lo»(n) • talɔ

(m.p.) • talons • ta-lo»(n) • talɔ

height

    (f.s.) • hauteur • o-teurh • otœʀ

    (f.p.) • hauteurs • o-teurh • otœʀ

help

    • aider • ey-dey • ede

hen

    (f.s.) • poule • pool • pul

    (f.p.) • poules • pool • pul

here

    ici • ee-ssee • isi

heroin

    (f.s.) • héroïne • ey-ro-ween • eʀɔin

    (f.p.) • héroïnes • ey-ro-ween • eʀɔin

high

    (m.s.) • haut • oe • o

    (m.p.) • hauts • oe • o

    (f.s.) • haute • oet • ot

    (f.p.) • hautes • oet • ot

high school

    (f.s.) • école secondaire • ey-kol ssu»-go»n-dair • ekɔl səgõdɛʀ (f.p.) • écoles secondaires • ey-kol ssu»-go»n-dair • ekɔl səgõdɛʀ

highway

(f.s.) • autoroute • oe-toe-root • otoʀut

(f.p.) • autoroutes • oe-toe-root • otoʀut

hike

(f.s.) • randonnée • ra»n-do-ney • ʀɑ̃dɔne

(f.p.) • randonnées • ra»n-do-ney • ʀɑ̃dɔne

hill

(f.s.) • colline • ko-leen • kɔlin

(f.p.) • collines • ko-leen • kɔlin

hire

louer • loo-wey • lue

historical

(m.s.) • historique • ee-ssto-reek • istɔʀik

(m.p.) • historiques • ee-ssto-reek • istɔʀik

(f.s.) • historique • ee-ssto-reek • istɔʀik

(f.p.) • historiques • ee-ssto-reek • istɔʀik

history

(f.s.) • histoire • ee-sstwarh • istwaʀ

(f.p.) • histoires • ee-sstwarh • istwaʀ

hitchhiking – in French, this noun is generally only used in the singular form.

    (m.s.) • autostop • oe-toe-sstop • otostɔp

hobby

    (m.s.) • passe-temps • pa»ss-ta»(n) • pɑstɑ

    (m.p.) • passe-temps • pa»ss-ta»(n) • pɑstɑ

hole

    (m.s.) • trou • troo • tʀu

    (m.p.) • trous • troo • tʀu

holiday – in French, this noun is generally only used in the plural form.

    (f.p.) • vacances • va-ka»(n)ss • vakɑ̃s

Holy week – in French, this religious festival is generally only used in the singular form.

(f.s.) • Semaine sainte • ssu»-men sse»nt • səmɛn sɛ̃t

home

    (f.s.) • maison • me-zo»(n) • mɛzɔ

    (f.p.) • maisons • me-zo»(n) • mɛzɔ

homosexual

    (m.s.) • homosexuel • oe-mo-ssek-ss[eey]u-el • omɔsɛksɥɛl

(m.p.) • homosexuels • oe-mo-ssek-ss[eey]u-el • omɔsɛksɥɛl

(f.s.) • homosexuelle • oe-mo-ssek-ss[eey]u-el • omɔsɛksɥɛl

(f.p.) • homosexuelles • oe-mo-ssek-ss[eey]u-el • omɔsɛksɥɛl

honey

(m.s.) • miel • myel • mjɛl

(m.p.) • miels • myel • mjɛl

honeymoon

(f.s.) • lune de miel • l[eey]un duh myel • lyn də mjɛl

(f.p.) • lunes de miel • l[eey]un duh myel • lyn də mjɛl

horn – as in 'the horn on a ve»icle'.

(m.s.) • klaxon • klak-son • klaksɔn

(m.p.) • klaxons • klak-son • klaksɔn

horse

(m.s.) • cheval • shu»-val • ʃəval

(m.p.) • chevaux • shu»-voe • ʃəvo

horse riding – in French, this noun is generally only used in the singular form to talk about the sport of horse-riding.

(f.s.) • équitation • ey-kee-ta-ssyo»(n) • ekitasjɔ

hospital

    (m.s.) • hôpital • o-pee-tal • ɔpital

    (m.p.) • hôpitaux • o-pee-toe • ɔpito

hospitality

    (f.s.) • hospitalité • o-sspee-ta-lee-tey • ɔspitalite

    (f.p.) • hospitalités • o-sspee-ta-lee-tey • ɔspitalite

hot

    (m.s.) • chaud • shoe • ʃo

    (m.p.) • chauds • shoe • ʃo

    (f.s.) • chaude • shoed • ʃod

    (f.p.) • chaudes • shoed • ʃod

hotel

    (m.s.) • hôtel • oe-tel • otɛl

    (m.p.) • hôtels • oe-tel • otɛl

hour

    (f.s.) • heure • eurh • œʀ

    (f.p.) • heures • eurh • œʀ

house

    (f.s.) • maison • me-zo»(n) • mɛzɔ

    (f.p.) • maisons • me-zo»(n) • mɛzɔ

housewife

    (f.s.) • ménagère • mey-na-zhair • menaʒɛʀ

    (f.p.) • ménagères • mey-na-zhair • menaʒɛʀ

how

    comment • ko-ma»(n) • kɔmɑ

how many – when asking about a quantity of a countable noun, e.g. how many eggs do we want?

    combien de • ko»m-bee-ye»(n) du» • kɔ̃bjɛ

how much – when asking for the price of an item or when asking about a quantity of an uncountable noun, e.g. how much time do we have?

    combien de • ko»m-bee-ye»(n) du» • kɔ̃bjɛ

hug

    étreindre • ey-tre»n-dr{uh} • etʀɛ̃dʀ

huge

    (m.s.) • énorme • ey-norhm • enɔʀm

    (m.p.) • énormes • ey-norhm • enɔʀm

    (f.s.) • énorme • ey-norhm • enɔʀm

    (f.p.) • énormes • ey-norhm • enɔʀm

hunger

(f.s.) • faim • fe»(n) • fɛ

(f.p.) • faims • fe»(n) • fɛ

hungry

(m.s.) • affamé • a-fa-mey • afame

(m.p.) • affamés • a-fa-mey • afame

(f.s.) • affamée • a-fa-mey • afame

(f.p.) • affamées • a-fa-mey • afame

hurry

se dépêcher • ssuh dey-pey-shey • s depeʃe

hurt

blesser • bley-ssey • blese

husband

(m.s.) • mari • ma-ree • maʀi

(m.p.) • maris • ma-ree • maʀi

I

je • zhuh • ʒə

ice - as in 'frozen water'. In French, this noun is usually only used in the singular form.

(f.s.) • glace • glass • glas

(f.s.) • glace • glass • glas

ice cream – like in English, this noun can be used as a countable or uncountable noun.

    (f.s.) • glace • glass • glas

    (f.p.) • glaces • glass • glas

ice cream parlour

    (m.s.) • glacier • gla-ssyey • glasje

    (m.p.) • glaciers • gla-ssyey • glasje

ice hockey – as in 'the game of ice hockey'. In French, this noun is usually only used in the singular form.

    (m.s.) • hockey sur glace • o-key ss[eey]urh glass • ɔkei syʀ glas

identification card

    (f.s.) • carte d'identité • karht dee-da»n-tee-tey • kaʀt didɑ̃tite

    (f.s.) • carte d'identité • karht dee-da»n-tee-tey • kaʀt didɑ̃tite

idiot

    (m.s.) • idiot • ee-dyoe • idjo

    (m.p.) • idiots • ee-dyoe • idjo

    (f.s.) • idiote • ee-dyot • idjot

    (f.p.) • idiotes • ee-dyot • idjot

if

si • ssee • see

ill

    (m.s.) • malade • ma-lad • malad

    (m.p.) • malades • ma-lad • malad

    (f.s.) • malade • ma-lad • malad

    (f.p.) • malades • ma-lad • malad

illegal

    (m.s.) • illégal • ee-ley-gal • ilegal

    (m.p.) • illégaux • ee-ley-goe • ilego

    (f.s.) • illégale • ee-ley-gal • ilegal

    (f.p.) • illégales • ee-ley-gal • ilegal

immigration

    (f.s.) • immigration • ee-mee-gra-ssyo»[n] • imigʀasjɔ

    (f.p.) • immigration • ee-mee-gra-ssyo»[n] • imigʀasjɔ

important

    (m.s.) • important • e»m-porh-ta»(n) • ɛ̃pɔʀta

    (m.p.) • importants • e»m-porh-ta»(n) • ɛ̃pɔʀta

    (f.s.) • importante • e»m-porh-ta»nt • ɛ̃pɔʀtãt

    (f.p.) • importantes • e»m-porh-ta»nt • ɛ̃pɔʀtãt

impossible

    (m.s.) • impossible • e»m-po-ssee-bl{uh} • ɛ̃pɔsibl

    (m.p.) • impossibles • e»m-po-ssee-bl{uh} • ɛ̃pɔsibl

    (f.s.) • impossible • e»m-po-ssee-bl{uh} • ɛ̃pɔsibl

    (f.p.) • impossibles • e»m-po-ssee-bl{uh} • ɛ̃pɔsibl

included

    (m.s.) • compris • ko»m-pree • kɔ̃pʀi

    (m.p.) • compris • ko»m-pree • kɔ̃pʀi

    (f.s.) • comprise • ko»m-preez • kɔ̃pʀiz

    (f.p.) • comprises • ko»m-preez • kɔ̃pʀiz

incompre»ensible

    (m.s.) • incompréhensible • e»n-ko»m-prey-a»(n)-ssee-bl{uh} • ɛ̃kɔ̃pʀeɑ̃sibl

    (m.p.) • incompréhensibles • e»n-ko»m-prey-a»(n)-ssee-bl{uh} • ɛ̃kɔ̃pʀeɑ̃sibl

    (f.s.) • incompréhensible • e»n-ko»m-prey-a»(n)-ssee-bl{uh} • ɛ̃kɔ̃pʀeɑ̃sibl

    (f.p.) • incompréhensibles • e»n-ko»m-prey-a»(n)-ssee-bl{uh} • ɛ̃kɔ̃pʀeɑ̃sibl

industry

    (f.s.) • industrie • c»n-d[eey]u-sstree • ɛ̃dystʀi

    (f.p.) • industries • e»n-d[eey]u-sstree • ɛ̃dystʀi

infection

    (f.s.) • infection • e»(n)-fek-ssyo»(n) • ɛ̃fɛksjɔ

    (f.p.) • infections • e»n-fek-ssyo»(n) • ɛ̃fɛksjɔ

inflammation

    (f.s.) • inflammation • e»(n)-fla-ma-ssyo»(n) • ɛ̃flamasjɔ

    (f.p.) • inflammations • e»(n)-fla-ma-ssyo»(n) • ɛ̃flamasjɔ

information - in English, this noun is uncountable. In French, however, it is a countable noun, corresponding to 'a *piece* of information' and can therefore be used in the plural form, corresponding to *'pieces* of information'.

    (f.s.) • information • e»(n)-forh-ma-ssyo»(n) • ɛ̃fɔʀmasjɔ

    (f.p.) • informations • e»(n)-forh-ma-ssyo»(n) • ɛ̃fɔʀmasjɔ

ingredient

    (m.s.) • ingrédient • e»ng-grey-dya»(n) • ɛgʀedja

    (m.p.) • ingrédients • e»ng-grey-dya»(n) • ɛgʀedja

injection

(f.s.) • injection • e»n-zhek-ssyo»(n) • ɛ̃ʒɛksjɔ

(f.p.) • injections • e»n-zhek-ssyo»(n) • ɛ̃ʒɛksjɔ

injured

(m.s.) • blessé • bley-ssey • blese

(m.p.) • blessés • bley-ssey • blese

(f.s.) • blessée • bley-ssey • blese

(f.p.) • blessées • bley-ssey • blese

innocent

(m.s.) • innocent • ee-noe-ssa»(n) • inɔsɑ

(m.p.) • innocents • ee-noe-ssa»(n) • inɔsɑ

(f.s.) • innocente • ee-noe-ssa»nt • inɔsɑ̃t

(f.p.) • innocentes • ee-noe-ssa»nt • inɔsɑ̃t

insect

(m.s.) • insecte • e»(n)-ssekt • ɛ̃sɛkt

(m.p.) • insectes • e»(n)-ssekt • ɛ̃sɛkt

inside – adjective, as in 'the inside wall'.

(m.s.) • intérieur • e»n-tey-ryeurh • ɛ̃teʀjœʀ

(m.p.) • intérieurs • e»n-tey-ryeurh • ɛ̃teʀjœʀ

(f.s.) • intérieure • e»n-tey-ryeurh • ɛ̃teʀjœʀ

(f.p.) • intérieures • e»n-tey-ryeurh • ɛ̃teʀjœʀ

inside – preposisiton, as in 'she is sitting inside'.

à l'intérieur • a le»n-tey-ree-yeurh • a lɛ̃teʀjœʀ

instructor

    (m.s.) • moniteur • mo-nee-teurh • mɔnitœʀ

    (m.p.) • moniteurs • mo-nee-teurh • mɔnitœʀ

    (f.s.) • monitrice • mo-nee-treess • mɔnitʀis

    (f.p.) • monitrices • mo-nee-treess • mɔnitʀis

insurance

    (f.s.) • assurance • a-ss[eey]u-ra»(n)ss • asyʀɑ̃s

    (f.p.) • assurances • a-ss[eey]u-ra»(n)ss • asyʀɑ̃s

interesting

    (m.s.) • interessant • e»n-tey-re-ssa»(n) • ɛ̃teʀɛsɑ

    (m.p.) • interessants • e»n-tey-re-ssa»(n) • ɛ̃teʀɛsɑ

    (f.s.) • interessantt • e»n-tey-re-ssa»nt • ɛ̃teʀɛsɑ̃t

    (f.p.) • interessantes • e»n-tey-re-ssa»nt • ɛ̃teʀɛsɑ̃t

intermission

    (m.s.) • entracte • a»n-trakt • ɑ̃tʀakt

    (m.p.) • entractes • a»n-trakt • ɑ̃tʀakt

international

    (m.s.) • international • e»n-tair-na-ssyo-nal • ɛ̃tɛʀnasjɔnal (m.p.) • internationaux • e»n-tair-na-ssyo-noo • ɛtɛʀnasjɔno

(f.s.) • internationale • e»n-tair-na-ssyo-nal • ɛtɛʀnasjɔnal

(f.p.) • internationales • e»n-tair-na-ssyo-nal • ɛtɛʀnasjɔnal

Internet - usually only used in the singular form.

(m.s.) • Internet • e»n-tair-net • ɛtɛʀnet

interpreter

(m.s.) • interprète • e»n-tair-pret • ɛtɛʀpʀɛt

(m.p.) • interprètes • e»n-tair-pret • ɛtɛʀpʀɛt

(f.s.) • interprète • e»n-tair-pret • ɛtɛʀpʀɛt

(f.p.) • interprètes • e»n-tair-pret • ɛtɛʀpʀɛt

interview – as in 'a recruitment interview for a job'.

(m.s.) • entretien • a»n-tru»-tye»(n) • ɑ̃tʀətjɛ̃

(m.p.) • entretiens • a»n-tru»-tye»(n) • ɑ̃tʀətjɛ̃

interview – as in 'a question and answer session with, for example, a celebrity'.

(f.s.) • interview • e»n-tair-vy[eey]u • ɛtɛʀvju

(f.p.) • interviews • e»n-tair-vy[eey]u • ɛtɛʀvju

invite

inviter • e»(n)-vee-tey • ɛ̃vite

Ireland - generally only used in the singular form.

    (f.s.) • Irlande • eer-la»nd • iʀlɑ̃d

Irish

    (m.s.) • irlandais • eer-la»n-de • iʀlɑ̃dɛ

    (m.p.) • irlandais • eer-la»n-de • iʀlɑ̃dɛ

    (f.s.) • irlandaise • eer-la»n-dez • iʀlɑ̃dɛz

    (f.p.) • irlandaises • eer-la»n- dez • iʀlɑ̃dɛz

iron – as in 'the metal' and 'the domestic electrical appliance'.

    (m.s.) • fer • fair • fɛʀ

    (m.p.) • fers • fair • fɛʀ

iron – as in 'the domestic electrical appliance used for straightening clothes'.

    (m.s.) • fer à repasser • fair a ru»-pa»-ssey • fɛʀ a ʀ(ə)pɑse

    (m.p.) • fers à repasser • fair za ru»-pa»-ssey • fɛʀ a ʀ(ə)pɑse

island

    (f.s.) • île • eel • il

    (f.p.) • îles • eel • il

itinerary

(m.s.) • itinéraire • ee-tee-ney-rair • itineʀɛʀ

(m.p.) • itinéraires • ee-tee-ney-rair • itineʀɛʀ

J

jacket

(f.s.) • veste • vesst • vɛst

(f.p.) • vestes • vesst • vɛst

jail

(f.s.) • prison • pree-zo»(n) • pʀizɔ

(f.p.) • prisons • pree-zo»(n) • pʀizɔ

jar

(m.s.) • pot • poe • po

(m.p.) • pots • poe • po

jealous

(m.s.) • jaloux • zha-loo • ʒalu

(m.p.) • jaloux • zha-loo • ʒalu

(f.s.) • jalouse • zha-looz • ʒaluz

(f.p.) • jalouses • zha-looz • ʒaluz

jeans – in English, this noun is used in the plural form. In French, however, it can be used in the singular form, corresponding to 'a *pair* of jeans' and can therefore be used in the plural form, corresponding to '*pairs* of jeans'.

    (m.s.) • jean • dgean • dʒin

    (m.p.) • jeans • dgean • dʒin

jeweller's

    (f.s.) • bijouterie • bee-zhoo-tree • biʒutʀi

    (f.p.) • bijouteries • bee-zhoo-tree • biʒutʀi

jewellery – in English, this noun is uncountable. In French, however, it is a countable noun, corresponding to 'a *piece* of jewellery' and can therefore be used in the plural form, corresponding to '*pieces* of jewellery'.

    (m.s.) • bijou • bee-zhoo • biʒu

    (m.p.) • bijoux • bee-zhoo • biʒu

Jewish

    (m.s.) • juif • zhweef • ʒɥif

    (m.p.) • juifs • zhweef • ʒɥif

    (f.s.) • juive • zhweev • ʒɥiv

    (f.p.) • juives • zhweev • ʒɥiv

job – as in 'one's occupation and source of income, what one does for a living'.

    (m.s.) • emploi • a»m-plwa • ãplwa

    (m.p.) • emplois • a»m-plwa • ãplwa

jogging – as in 'the sporting activity'. In English, this noun is uncountable. In French, however, it is a countable noun, corresponding to 'a jogging *session*' and can therefore be used in the plural form, corresponding to *'jogging sessions'*.

    (m.s.) • footing • foo-ting • futiŋ

    (m.p.) • footings • foo-ting • futiŋ

join – as in 'to join something together'.

    unir • [eey]u-neer • yniʀ

joke – (noun)

    (f.s.) • plaisanterie • ple-za»n-tree • plɛzɑ̃tʀi

    (f.p.) • plaisanteries • ple-za»n-tree • plɛzɑ̃tʀi

joke – (verb)

    plaisanter • ple-za»n-tey • plɛzɑ̃te

journalist

    (m.s.) • journaliste • zhoorh-na-leesst • ʒuʀnalist

    (m.p.) • journalistes • zhoorh-na-leesst • ʒuʀnalist

    (f.s.) • journaliste • zhoorh-na-leesst • ʒuʀnalist

    (f.p.) • journalistes • zhoorh-na-leesst • ʒuʀnalist

judge – in French, nouns referring to people can generally be masculine or feminine, depending on the gender of the person. The word 'pharmacien' translates as 'a male chemist', 'pharmacienne' translates as 'a female chemist'.

There are, however, exceptions, where the word is only either masculine or feminine, irrespective of the gender of the person. This is one of these exceptions. The noun is generally only used in the masculine form.

    (m.s.) • juge • zh[eey]uzh • ӠyӠ

    (m.p.) • juges • zh[eey]uzh • ӠyӠ

juice

    (m.s.) • jus • zh[eey]u • Ӡy

    (m.p.) • jus • zh[eey]u • Ӡy

jump – (noun)

    (m.s.) • saut • ssoe • so

    (m.p.) • sauts • ssoe • so

jump – (verb)

    sauter • ssoe-tey • sote

junction

    (m.s.) • carrefour • karh-foorh • kaʀfuʀ

    (m.p.) • carrefours • karh-foorh • kaʀfuʀ

K

key

    (f.s.) • clé • kley • kle

(f.p.) • clés • kley • kle

keyboard

(m.s.) • clavier • kla-vyey • klavje

(m.p.) • claviers • kla-vyey • klavje

kill – (verb)

tuer • t[eey]u-ey • tɥe

kilogram

(m.s.) • kilogramme • kee-lo-gram • kilɔgʀam

(m.p.) • kilogrammes • kee-lo-gram • kilɔgʀam

kilometer

(m.s.) • kilomètre • kee-lo-me-tr{uh} • kilɔmɛtʀ

(m.p.) • kilomètres • kee-lo-me-tr{uh} • kilɔmɛtʀ

kind – (adjective)

(m.s.) • gentil • zha»n-tee • ʒɑ̃ti

(m.p.) • gentils • zha»n-tee • ʒɑ̃ti

(f.s.) • gentille • zha»n-tee • ʒɑ̃ti

(f.p.) • gentilles • zha»n-tee • ʒɑ̃ti

kindergarten

(f.s.) • école maternelle • ey-kol ma-tair-nel • ekɔl matɛʀnɛl

196

(f.p.) • écoles maternelles • ey-kol ma-tair-nel • ekɔl matɛRnɛl

king

    (m.s.) • roi • rwa • Rwa

    (m.p.) • rois • rwa • Rwa

kingdom

    (m.s.) • royaume • rwa-yoem • Rwajom

    (m.p.) • royaumes • rwa-yoem • Rwajom

kiss

    (m.s.) • baiser • bey-zey • beze

    (m.p.) • baisers • bey-zey • beze

kitchen

    (f.s.) • cuisine • kwee-zeen • kɥizin

    (f.p.) • cuisines • kwee-zeen • kɥizin

knee

    (m.s.) • genou • zhu»-noo • ʒ(ə)nu

    (m.p.) • genoux • zhu»-noo • ʒ(ə)nu

knife

    (m.s.) • couteau • koo-toe • kuto

    (m.p.) • couteaux • koo-toe • kuto

know

savoir • ssa-vwarh • savwaʀ

L

laboratory

 (m.s.) • laboratoire • la-bo-ra-twarh • labɔratwaʀ

 (m.p.) • laboratoires • la-bo-ra-twarh • labɔratwaʀ

lager

 (f.s.) • bière blonde • byair blo»nd • bjɛʀ blɔ̃d

 (f.p.) • bières blondes • byair blo»nd • bjɛʀ blɔ̃d

lamb

 (m.s.) • agneau • a-nyoe • aɲo

 (m.p.) • agneaux • a-nyoe • aɲo

land

 (f.s.) • terre • tair • tɛʀ

 (f.p.) • terres • tair • tɛʀ

landlady

 (f.s.) • propriétaire • pro-pree-yey-tair • pʀɔpʀijetɛʀ

 (f.p.) • propriétaires • pro-pree-yey-tair • pʀɔpʀijetɛʀ

landlord

 (m.s.) • propriétaire • pro-pree-yey-tair • pʀɔpʀijetɛʀ

(m.p.) • propriétaires • pro-pree-yey-tair • pʀɔpʀijetɛʀ

language – as in 'a person's native tongue', for example, English, Russian, etc.

(f.s.) • langue • la»ng • lɑg

(f.p.) • langues • la»ng • lɑg

language – as in 'the words a person speaks, the way a person talks'.

(m.s.) • langage • la»n-gazh • lɑgaʒ

(m.p.) • langages • la»n-gazh • lɑgaʒ

laptop

(m.s.) • ordinateur portable • orh-dee-na-teurh porh-ta-bl{uh} • ɔʀdinatœʀ pɔʀtabl

(m.p.) • ordinateurs portables • orh-dee-na-teurh porh-ta-bl{uh} • ɔʀdinatœʀ pɔʀtabl

large

(m.s.) • grand • gra»(n) • gʀɑ

(m.p.) • grands • gra»(n) • gʀɑ

(f.s.) • grande • gra»nd • gʀɑ̃d

(f.p.) • grandes • gra»nd • gʀɑ̃d

last

(m.s.) • dernier • dair-nyey • dɛʀnje

199

(m.p.) • derniers • dair-nyey • dɛʀnje

(f.s.) • dernière • dair-nyair • dɛʀnjɛʀ

(f.p.) • dernières • dair-nyair • dɛʀnjɛʀ

late

(m.s.) • tardif • tarh-deef • taʀdif

(m.p.) • tardifs • tarh-deef • taʀdif

(f.s.) • tardive • tarh-deev • taʀdiv

(f.p.) • tardives • tarh-deev • taʀdiv

laugh – (noun)

(m.s.) • rire • reer • ʀiʀ

(m.p.) • rires • reer • ʀiʀ

laugh – (verb)

rire • reer • ʀiʀ

launderette

(f.s.) • laverie automatique • la-vree oe-to-ma-teek • lavʀi otɔmatik

(f.p.) • laveries automatiques • la-vree zoe-to-ma-teek • lavʀi otɔmatik

law

(f.s.) • loi • lwa • lwa

(f.p.) • lois • lwa • lwa

lawyer

    (m.s.) • avocat • a-vo-ka • avɔka

    (m.p.) • avocats • a-vo-ka • avɔka

    (f.s.) • avocate • a-vo-kat • avɔkat

    (f.p.) • avocates • a-vo-kat • avɔkat

lazy

    (m.s.) • paresseux • pa-re-ssuh • paʀɛsø

    (m.p.) • paresseux • pa-re-ssuh • paʀɛsø

    (f.s.) • paresseuse • pa-re-ssu»z • paʀɛsøz

    (f.p.) • paresseuses • pa-re-ssu»z • paʀɛsøz

lead – (verb)

    mener • mu»-ney • m(ə)ne

leader

    (m.s.) • chef • shef • ʃɛf

    (m.p.) • chefs • shef • ʃɛf

    (f.s.) • chef • shef • ʃɛf

    (f.p.) • chefs • shef • ʃɛf

leaf

    (f.s.) • feuille • fu»-y{uh} • fœj

    (f.p.) • feuilles • fu»-y{uh} • fœj

learn

apprendre • a-pra»n-dr{uh} • apʀɑ̃dʀ

leather

    (m.s.) • cuir • kweer • kɥiʀ

    (m.p.) • cuirs • kweer • kɥiʀ

leave – (verb)

    partir • parh-teer • paʀtiʀ

left – adjective, as in 'the opposite of the word right(hand)'.

    (m.s.) • gauche • goesh • goʃ

    (m.p.) • gauches • goesh • goʃ

    (f.s.) • gauche • goesh • goʃ

    (f.p.) • gauches • goesh • goʃ

left luggage office

    (f.s.) • consigne • ko»(n)-see-ny{uh} • kɔ̃siɲ

    (f.p.) • consignes • ko»(n)-see-ny{uh} • kɔ̃siɲ

leg

    (f.s.) • jambe • zha»mb • ʒɑb

    (f.p.) • jambes • zha»mb • ʒɑb

legal

    (m.s.) • légal • ley-gal • legal

    (m.p.) • légaux • ley-goe • lego

    (f.s.) • légale • ley-gal • legal

(f.p.) • légales • ley-gal • legal

lemonade
- (f.s.) • limonade • lee-mo-nad • limɔnad
- (f.p.) • limonades • lee-mo-nad • limɔnad

less
- moins • mwe»(n) • mwɛ

letter
- (f.s.) • lettre • le-tr{uh} • lɛtʀ
- (f.p.) • lettres • le-tr{uh} • lɛtʀ

lettuce
- (f.s.) • salade • sa-lad • salad
- (f.p.) • salades • sa-lad • salad

level
- (m.s.) • niveau • nee-voe • nivo
- (m.p.) • niveaux • nee-voe • nivo

liar
- (m.s.) • menteur • ma»n-teurh • mɑ̃tœʀ
- (m.p.) • menteurs • ma»n-teurh • mɑ̃tœʀ
- (f.s.) • menteuse • ma»n-tu»z • mɑ̃tøz
- (f.p.) • menteuses • ma»n-tu»z • mɑ̃tøz

library

    (f.s.) • bibliothèque • bee-blee-yo-tek • biblijɔtɛk

    (f.p.) • bibliothèques • bee-blee-yo-tek • biblijɔtɛk

lie down

    s'allonger • ssa-lo»(n)-zhey • salɔ̃ʒe

life

    (f.s.) • vie • vee • vi

    (f.p.) • vies • vee • vi

life jacket

    (m.s.) • gilet de sauvetage • zhee-le duh ssoev-tazh • ʒilɛ də sovtaʒ

    (m.p.) • gilets de sauvetage • zhee-le duh ssoev-tazh • ʒilɛ də sovtaʒ

lift

    (m.s.) • ascenseur • a-ssa»(n)-sseurh • asɑ̃sœʀ

    (m.p.) • ascenseurs • a-ssa»(n)-sseurh • asɑ̃sœʀ

light – (noun)

    (f.s.) • lumière • l[eey]u-mee-yair • lymjɛʀ

    (f.p.) • lumières • l[eey]u-mee-yair • lymjɛʀ

light – (adjective)

    (m.s.) • clair • klair • klɛʀ

(m.p.) • clairs • klair • klɛʀ

(f.s.) • claire • klair • klɛʀ

(f.p.) • claires • klair • klɛʀ

like – (preposition)

comme • kom • kɔm

like – (verb)

aimer bien • ey-mey bee-ye»(n) • eme bjɛ

line

(f.s.) • ligne • lee-ny{uh} • liɲ

(f.p.) • lignes • lee-ny{uh} • liɲ

link – (verb)

relier • ru»-lyey • ʀəlje

link – (noun)

(m.s.) • lien • lye»(n) • ljɛ

(m.p.) • lien • lye»(n) • ljɛ

lip – as in 'part of the face, around the mouth'.

(f.s.) • lèvre • le-vr{uh} • lɛvʀ

(f.p.) • lèvres • le-vr{uh} • lɛvʀ

listen

écouter • ey-koo-tey • ekute

litre

(m.s.) • litre • lee-tr{uh} • litʀ

(m.p.) • litres • lee-tr{uh} • litʀ

little - as in "a little", a small quantity of an uncountable noun, e.g. 'a little water'. This is only used in the masculine singular form.

(m.s.) • un peu de • u»(n) puh duh • œ̃ pø d

local

(m.s.) • local • lo-kal • lɔkal

(m.p.) • locaux • lo-koe • lɔko

(f.s.) • locale • lo-kal • lɔkal

(f.p.) • locales • lo-kal • lɔkal

logbook – as in 'official papers for a ve»icle'.

(f.s.) • carte grise • karht greez • kaʀt gʀiz

(f.p.) • cartes grises • karht greez • kaʀt gʀiz

long

(m.s.) • long • lo»(n) • lɔ

(m.p.) • longs • lo»(n) • lɔ

(f.s.) • longue • lo»ng • lɔ̃g

(f.p.) • longues • lo»ng • lɔ̃g

look at

regarder • ru»-garh-dey • ʀəgaʀde

look for
> chercher • shair-shey • ʃɛRʃe

lorry
> (m.s.) • camion • ka-myo»(n) • kamjɔ
>
> (m.p.) • camions • ka-myo»(n) • kamjɔ

lose
> perdre • pair-dr{uh} • pɛRdR

loud
> (m.s.) • fort • forh • fɔR
>
> (m.p.) • forts • forh • fɔR
>
> (f.s.) • forte • forht • fɔRt
>
> (f.p.) • fortes • forht • fɔRt

lounge
> (m.s.) • salon • ssa-lo»(n) • salɔ
>
> (m.p.) • salons • ssa-lo»(n) • salɔ

love
> aimer • ey-mee • eme

low
> (m.s.) • bas • bah • bɑ
>
> (m.p.) • bas • bah • bɑ
>
> (f.s.) • basse • ba»ss • bɑs

(f.p.) • basses • ba»ss • bɑs

lower – (verb)

baisser • bey-ssey • bese

luck – in French, this noun is generally only used in the singular form.

(f.s.) • chance • sha»(n)ss • ʃɑ̃s

luggage - in English, this noun is uncountable. In French, however, it is a countable noun, corresponding to 'a *piece* of luggage' and can therefore be used in the plural form, corresponding to *'pieces* of luggage'.

(m.s.) • bagage • ba-gazh • bagaʒ

(m.p.) • bagages • ba-gazh • bagaʒ

lunch

(m.s.) • déjeuner • dey-zhu»-ney • deʒœne

(m.p.) • déjeuners • dey-zhu»-ney • deʒœne

luxury – in French, this noun is generally only used in the singular form.

(m.s.) • luxe • l[eey]u-kss • lyks

M

machine

(f.s.) • machine • ma-sheen • maʃin

(f.p.) • machines • ma-sheen • maʃin

made – (past participle of the verb 'to make')

(m.s.) • fait • fe • fɛ

(m.p.) • faits • fe • fɛ

(f.s.) • faite • fet • fɛt

(f.p.) • faites • fet • fɛt

magazine

(f.s.) • revue • ru»-v[eey]u • ʀəvy

(f.p.) • revues • ru»-v[eey]u • ʀəvy

mail – (verb)

poster • po-sstey • pɔste

mail – (noun)

(m.s.) • courrier • koo-ree-yey • kuʀje

(m.p.) • courriers • koo-ree-yey • kuʀje

main

(m.s.) • principal • pre»(n)-ssee-pal • pʀɛ̃sipal

(m.p.) • principaux • pre»(n)-ssee-poe • pʀɛ̃sipo

(f.s.) • principale • pre»(n)-ssee-pal • pʀɛ̃sipal

(f.s.) • principales • pre»(n)-ssee-pal • pʀɛ̃sipal

make – (verb)

faire • fair • fɛʀ

make-up

 (m.s.) • maquillage • ma-kee-yazh • makijaʒ

 (m.p.) • maquillages • ma-kee-yazh • makijaʒ

man

 (m.s.) • homme • om • ɔm

 (m.p.) • hommes • om • ɔm

manager

 (m.s.) • directeur • dee-rek-teurh • diʀɛktœʀ

 (m.p.) • directeurs • dee-rek-teurh • diʀɛktœʀ

manageress

 (f.s.) • directrice • dee-rek-treess • diʀɛktʀis

 (f.p.) • directrices • dee-rek-treess • diʀɛktʀis

manual – (adjective)

 (m.s.) • manuel • ma-n[eey]u-el • manɥɛl

 (m.p.) • manuels • ma-n[eey]u-el • manɥɛl

 (f.s.) • manuelle • ma-n[eey]u-el • manɥɛl

 (f.p.) • manuelles • ma-n[eey]u-el • manɥɛl

manual – noun, as in 'an instruction booklet'.

 (m.s.) • manuel • ma-n[eey]u-el • manɥɛl

 (m.p.) • manuels • ma-n[eey]u-el • manɥɛl

map

(f.s.) • carte • karht • kaʀt

(f.p.) • carte • karht • kaʀt

marital status

(m.s.) • état civil • ey-ta ssee-veel • eta sivil

(m.p.) • états civils • ey-ta ssee-veel • eta sivil

market

(m.s.) • marché • marh-shey • maʀʃe

(m.p.) • marchés • marh-shey • maʀʃe

married

(m.s.) • marié • ma-ryey • maʀje

(m.p.) • mariés • ma-ryey • maʀje

(f.s.) • mariée • ma-ryey • maʀje

(f.p.) • mariées • ma-ryey • maʀje

marry – (verb)

épouser • ey-poo-zey • epuze

massage – (noun)

(m.s.) • massage • ma-ssazh • masaʒ

(m.p.) • massages • ma-ssazh • masaʒ

massage – (verb)

masser • ma-ssey • mase

match

(m.s.) • match • matsh • matʃ

(m.p.) • matchs • matsh • matʃ

maybe

peut-être • pu»-te-tr{uh} • pøtɛtʀ

mayor

(m.s.) • maire • mair • mɛʀ

(m.p.) • maires • mair • mɛʀ

mayoress

(f.s.) • maire • mair • mɛʀ

(f.s.) • maires • mair • mɛʀ

meal

(m.s.) • repas • ru»-pah • ʀəpɑ

(m.p.) • repas • ru»-pah • ʀəpɑ

meat

(m.s.) • viande • vee-ya»nd • vjɑ̃d

(m.p.) • viandes • vee-ya»nd • vjɑ̃d

medical examination

(f.s.) • visite médicale • vee-zeet mey-dee-kal • vizit medikal

(f.p.) • visites médicales • vee-zeet mey-dee-kal • vizit medikal medicine – as in 'liquid medication, such as a syrup'.

 (m.s.) • sirop • see-roe • siʀo

 (m.p.) • sirops • see-roe • siʀo

meet

 rencontrer • ra»n-ko»n-trey • ʀɑ̃kɔ̃tʀe

member - in French, nouns referring to people can generally be masculine or feminine, depending on the gender of the person. The word 'pharmacien' translates as 'a male chemist', 'pharmacienne' translates as 'a female chemist'. There are, however, exceptions, where the word is only either masculine or feminine, irrespective of the gender of the person. This is one of these exceptions. The noun is generally only used in the masculine form.

 (m.s.) • membre • ma»m-br{uh} • mɑ̃bʀ

 (m.p.) • membres • ma»m-br • mɑ̃bʀ

message

 (m.s.) • message • mey-ssazh • mesaʒ

 (m.p.) • messages • mey-ssazh • mesaʒ

metal

 (m.s.) • métal • mey-tal • metal

 (m.p.) • métaux • mey-toe • meto

metre

(m.s.) • mètre • me-tr{uh} • mɛtʀ

(m.p.) • mètres • me-tr{uh} • mɛtʀ

microwave oven

(m.s.) • four à micro-ondes • foorh a mee-kroe-o»nd • fuʀ a mikʀoɔ̃d

(m.s.) • four à micro-ondes • foorh a mee-kroe-o»nd • fuʀ a mikʀoɔ̃d

midday

(m.s.) • midi • mee-dee • midi

(m.p.) • midis • mee-dee • midi

midnight

(m.s.) • minuit • mee-nwee • minɥi

(m.p.) • minuits • mee-nwee • minɥi

milk

(m.s.) • lait • le • lɛ

(m.p.) • laits • le • lɛ

millimeter

(m.s.) • millimètre • mee-lee-me-tr{uh} • milimɛtʀ

(m.p.) • millimètres • mee-lee-me-tr{uh} • milimɛtʀ

mineral water

(f.s.) • eau minérale • o mee-ney-ral • o mineʀal

(f.p.) • eaux minérales • o mee-ney-ral • o mineral

minute

(f.s.) • minute • mee-n[eey]ut • minyt

(f.p.) • minutes • mee-n[eey]ut • minyt

mirror

(m.s.) • miroir • mee-rwarh • mirwar

(m.p.) • miroirs • mee-rwarh • mirwar

miss – verb, as in 'to miss a train or a bus', etc.

manquer • ma»ng-key • mɑ̃ke

mistake

(f.s.) • erreur • e-reurh • ɛrœr

(f.p.) • erreurs • e-reurh • ɛrœr

mix – (verb)

mélanger • mey-la»(n)-zhey • melɑ̃ʒe

mobile

(m.s.) • portable • porh-ta-bl{uh} • pɔrtabl

(m.p.) • portables • porh-ta-bl{uh} • pɔrtabl

(f.s.) • portable • porh-ta-bl{uh} • pɔrtabl

(f.p.) • portables • porh-ta-bl{uh} • pɔrtabl

modern

(m.s.) • moderne • mo-dairn • mɔdɛrn

  (m.p.) • modernes • mo-dairn • mɔdɛʀn

  (f.s.) • moderne • mo-dairn • mɔdɛʀn

  (f.p.) • modernes • mo-dairn • mɔdɛʀn

mollusc

  (m.s.) • mollusque • mo-l[eey]u-ssk • mɔlysk

  (m.p.) • mollusques • mo-l[eey]u-ssk • mɔlysk

monarchy

  (f.s.) • monarchie • mo-narh-shee • mɔnaʀʃi

  (f.p.) • monarchies • mo-narh-shee • mɔnaʀʃi

monastery

  (m.s.) • monastère • mo-na-sstair • mɔnastɛʀ

  (m.p.) • monastères • mo-na-sstair • mɔnastɛʀ

money

  (m.s.) • argent • arh-zha»(n) • aʀʒɑ

  (m.p.) • argents • arh-zha»(n) • aʀʒɑ

month

  (m.s.) • mois • mwa• mwa

  (m.p.) • mois • mwa• mwa

monument

  (m.s.) • monument • mo-n[eey]u-ma»(n) • mɔnymɑ

(m.p.) • monuments • mo-n[eey]u-ma»(n) • mɔnymɑ

moon

    (f.s.) • lune • l[eey]un • lyn

    (f.p.) • lunes • l[eey]un • lyn

more

    plus • pl[eey]uss • ply

morning

    (m.s.) • matin • ma-te»(n) • matɛ

    (m.p.) • matins • ma-te»(n) • matɛ

mosque

    (f.s.) • mosquée • mo-skey • mɔske

    (f.p.) • mosquées • mo-skey • mɔske

mosquito

    (m.s.) • moustique • moo-steek • mustik

    (m.p.) • moustiques • moo-steek • mustik

mother

    (f.s.) • mère • mair • mɛʀ

    (f.p.) • mères • mair • mɛʀ

mother-in-law

    (f.s.) • belle-mère • bel-mair • bɛlmɛʀ

(f.p.) • belles-mères • bel-mair • bɛlmɛʀ

motor

(m.s.) • moteur • mo-teurh • mɔtœʀ

(m.p.) • moteurs • mo-teurh • mɔtœʀ

motorbike

(f.s.) • moto • moe-toe • moto

(f.p.) • motos • moe-toe • moto

motorway

(f.s.) • autoroute • oe-toe-root • otoʀut

(f.p.) • autoroutes • oe-toe-root • otoʀut

mountain

(f.s.) • montagne • mo»n-ta-ny{uh} • mɔ̃taɲ

(f.p.) • montagnes • mo»n-ta-ny{uh} • mɔ̃taɲ

mountaineering – in French, this noun is generally only used in the singular form.

(m.s.) • alpinisme • al-pee-nee-zm{uh} • alpinism

mouse

(f.s.) • souris • soo-ree • suʀi

(f.p.) • souris • soo-ree • suʀi

mouth

(f.s.) • bouche • boosh • buʃ

(f.p.) • bouches • boosh • buʃ

movie

    (m.s.) • film • feelm • film

    (m.p.) • films • feelm • film

mum

    (f.s.) • maman • ma-ma»(n) • mamɑ

    (f.p.) • mamans • ma-ma»(n) • mamɑ

muscle

    (m.s.) • muscle • m[eey]u-sskl{uh} • myskl

    (m.p.) • muscles • m[eey]u-sskl{uh} • myskl

museum

    (m.s.) • musée • m[eey]u-zey • myze

    (m.p.) • musées • m[eey]u-zey • myze

mushroom

    (m.s.) • champignon • sha»m-pee-nyo»(n) • ʃɑ̃piɲɔ

    (m.p.) • champignons • sha»m-pee-nyo»(n) • ʃɑ̃piɲɔ

music

    (f.s.) • musique • m[eey]u-zeek • myzik

    (f.p.) • musiques • m[eey]u-zeek • myzik

musician

    (m.s.) • musicien • m[eey]u-zee-ssye»(n) • myzisjɛ

  (m.p.) • musiciens • m[eey]u-zee-ssyen • myzisjɛ

  (f.s.) • musicienne • m[eey]u-zee-ssyen • myzisjɛn

  (f.p.) • musiciennes • m[eey]u-zee-ssyen • myzisjɛn

Muslim

  (m.s.) • musulman • m[eey]u-z[eey]ul-ma»(n) • myzylmɑ

  (m.p.) • musulmans • m[eey]u-z[eey]ul-ma»(n) • myzylmɑ

  (f.s.) • musulmane • m[eey]u-z[eey]ul-man • myzylman

  (f.p.) • musulmanes • m[eey]u-z[eey]ul- man • myzylman

mustard

  (f.s.) • moutarde • moo-tarhd • mutaʀd

  (f.p.) • moutardes • moo-tarhd • mutaʀd

N

name

  (m.s.) • nom • no»(n) • nɔ

  (m.p.) • noms • no»(n) • nɔ

napkin

  (f.s.) • serviette • sair-vee-yet • sɛʀvjɛt

(f.p.) • serviettes • sair-vee-yet • sɛʀvjɛt

national

    (m.s.) • national • na-ssyo»(n)-nal • nasjɔnal

    (m.p.) • nationaux • na-ssyo»(n)-noe • nasjɔno

    (f.s.) • nationale • na-ssyo»(n)-nal • nasjɔnal

    (f.p.) • nationales • na-ssyo»(n)-nal • nasjɔnal

nationality

    (f.s.) • nationalité • na-ssyo»(n)-na-lee-tey • nasjɔnalite

    (f.p.) • nationalités • na-ssyo»(n)-na-lee-tey • nasjɔnalite

natural

    (m.s.) • naturel • na-t[eey]u-rel • natyʀɛl

    (m.p.) • naturels • na-t[eey]u-rel • natyʀɛl

    (f.s.) • naturelle • na-t[eey]u-rel • natyʀɛl

    (f.p.) • naturelles • na-t[eey]u-rel • natyʀɛl

nature

    (f.s.) • nature • na-t[eey]urh • natyʀ

    (f.p.) • natures • na-t[eey]urh • natyʀ

near

près de • pre duh • pʁɛ d

nearby
    proche • prosh • pʁɔʃ

necessary
    (m.s.) • nécessaire • ney-ssey-ssair • nesesɛʁ
    (m.p.) • nécessaires • ney-ssey-ssair • nesesɛʁ
    (f.s.) • nécessaire • ney-ssey-ssair • nesesɛʁ
    (f.p.) • nécessaires • ney-ssey-ssair • nesesɛʁ

neck
    (m.s.) • cou • koo • ku
    (m.p.) • cous • koo • ku

need – (verb)
    avoir besoin de • av-warh bu»-zwe»(n) duh • avwaʁ bəzwɛ d

needle
    (f.s.) • aiguille • ey-gwee-y{uh} • egɥij
    (f.p.) • aiguilles • ey-gwee-y{uh} • egɥij

negative
    (m.s.) • négatif • ney-ga-teef • negatif

(m.p.) • négatifs • ney-ga-teef • negatif

(f.s.) • négative • ney-ga- teev • negativ

(f.p.) • négatives • ney-ga- teev • negativ

neither…nor

ni…ni • nee nee • ni ni

nephew

(m.s.) • neveu • nu»-vuh • nəvø

(m.p.) • neveux • nu»-vuh • nəvø

network

(m.s.) • réseau • rey-zoe • ʀezo

(m.p.) • réseaux • rey-zoe • ʀezo

neutral

(m.s.) • neutre • nu»-tr{uh} • nøtʀ

(m.p.) • neutres • nu»-tr{uh} • nøtʀ

(f.s.) • neutre • nu»-tr{uh} • nøtʀ

(f.p.) • neutres • nu»-tr{uh} • nøtʀ

never

jamais • zha-me • ʒamɛ

new

(m.s.) • nouveau • noo-voe • nuvo

(m.p.) • nouveaux • noo-voe • nuvo

(f.s.) • nouvelle • noo-vel • nuvɛl

(f.p.) • nouvelles • noo-vel • nuvɛl

newspaper

(m.s.) • journal • zhoorh-nal • ʒuʀnal

(m.p.) • journaux • zhoorh-noe • ʒuʀno

next

(m.s.) • suivant • sswee-va»(n) • sɥivɑ

(m.p.) • suivants • sswee-va»(n) • sɥivɑ

(f.s.) • suivante • sswee-va»nt • sɥivɑ̃t

(f.p.) • suivantes • sswee-va»nt • sɥivɑ̃t

nice

(m.s.) • beau • boe • bo

(m.p.) • beaux • boe • bo

(f.s.) • belle • bel • bɛl

(f.p.) • belles • bel • bɛl

nickname

(m.s.) • surnom • ss[eey]urh-no»(n) • syʀnɔ

(m.p.) • surnoms • ss[eey]urh-no»(n) • syʀnɔ

niece

(f.s.) • nièce • nee-yess • njɛs

(f.p.) • nièces • nee-yess • njɛs

night

    (f.s.) • nuit • nwee • nɥi

    (f.p.) • nuits • nwee • nɥi

no – as in 'the opposite of the word yes'.

    non • no»(n) • nɔ

noisy

    (m.s.) • bruyant • brwee-ya»(n) • bʀɥija

    (m.p.) • bruyants • brwee-ya»(n) • bʀɥija

    (f.s.) • bruyante • brwee-ya»nt • bʀɥijɑ̃t

    (f.p.) • bruyantes • brwee-ya»nt • bʀɥijɑ̃t

non-smoking – this adjective is always used in an invariable form, regardless of whether the place it is describing is masculine or feminine.

    non-fumeurs • no»(n) f[eey]u-meurh • nɔ fymœʀ

noon

    (m.s.) • midi • mee-dee • midi

    (m.p.) • midis • mee-dee • midi

north

    (m.s.) • nord • norh • nɔr

    (m.p.) • nords • norh • nɔr

nose

(m.s.) • nez • ne • nɛ

(m.p.) • nez • ne • nɛ

not –when used to negate a verb, placed either side of the verb.

ne…pas • nuh pa • nə pa

notebook

(m.s.) • ca»ier • ka-yey • kaje

(m.p.) • ca»iers • ka-yey • kaje

nothing

rien • ree-ye»(n) • ʁjɛ

novel

(m.s.) • roman • ro-ma»(n) • ʀɔmɑ

(m.p.) • romans • ro-ma»(n) • ʀɔmɑ

now

maintenant • me»n-tu»-na»(n) • mɛt̃ənɑ

nuclear

(m.s.) • nucléaire • n[eey]u-klee-yair • nykleɛʀ

(m.p.) • nucléaires • n[eey]u-klee-yair • nykleɛʀ

(f.s.) • nucléaire • n[eey]u-klee-yair • nykleɛʀ

(f.p.) • nucléaires • n[eey]u-klee-yair • nykleɛʀ

number

(m.s.) • numéro / nombre • n[eey]u-mey-roe / no»m-br{uh} • nymeʀo / nɔ̃bʀ

(m.p.) • numéros / nombres • n[eey]u-mey-roe / no»m-br{uh} • nymeʀo / nɔ̃bʀ

nun

(f.s.) • religieuse • ru»-lee-zhee-yu»z • ʀəliʒjøz

(f.p.) • religieuses • ru»-lee-zhee-yu»z • ʀəliʒjøz

nursery school

(f.s.) • école maternelle • ey-kol ma-tair-nel • ekɔl matɛʀnɛl

(f.p.) • écoles maternelles • ey-kol ma-tair-nel • ekɔl matɛʀnɛl

nurse

(m.s.) • infirmier • e»(n)-feer-mee-yey • ɛfiʀmje

(m.p.) • infirmiers • e»(n)-feer-mee-yey • ɛfiʀmje

(f.s.) • infirmière • e»(n)-feer-mee-yair • ɛfiʀmjɛʀ

(f.p.) • infirmières • e»(n)-feer-mee-yair • ɛfiʀmjɛʀ

O

occupation

(f.s.) • occupation • o-k[eey]u-pa-ssyo»(n) • ɔkypasjɔ̃

(f.p.) • occupations • o-k[eey]u-pa-ssyo»(n) • ɔkypasjɔ

ocean

    (m.s.) • océan • o-ssee-ya»(n) • ɔseɑ

    (m.p.) • océans • o-ssee-ya»(n) • ɔseɑ

office

    (m.s.) • bureau • b[eey]u-roe • byʀo

    (m.p.) • bureaux • b[eey]u-roe • byʀo

often

    souvent • ssoo-va»(n) • suvɑ

oil – as in 'oil for a salad dressing or for cooking'.

    (m.s.) • huile • weel • ɥil

    (m.p.) • huiles • weel • ɥil

oil - as in 'crude oil extracted from the ground'.

    (f.s.) • pétrole • pey-trol • petʀɔl

    (f.p.) • pétroles • pey-trol • petʀɔl

olive

    (f.s.) • olive • o-leev • ɔliv

    (f.p.) • olives • o-leev • ɔliv

old

    (m.s.) • vieux • vyuh • vjø

(m.p.) • vieux • vyuh • vjø

(f.s.) • vieille • vye-y{uh} • vjɛj

(f.p.) • vieilles • vye-y{uh} • vjɛj

once

une fois • [eey]un fwa • yn fwa

one-way

à sens unique • a ssa»(n)ss [eey]u-neek • a sɑ̃s ynik

onion

(m.s.) • oignon • o-nyo»(n) • ɔɲɔ

(m.p.) • oignons • o-nyo»(n) • ɔɲɔ

only – adjective, as in 'the only thing'.

(m.s.) • seul • ssu»l • sœl

(m.p.) • seuls • ssu»l • sœl

(f.s.) • seule • ssu»l • sœl

(f.p.) • seules • ssu»l • sœl

open – (verb)

ouvrir • oo-vreer • uvʀiʀ

open – (adjective)

(m.s.) • ouvert • oo-vair • uvɛʀ

(m.p.) • ouverts • oo-vair • uvɛʀ

(f.s.) • ouverte • oo-vairt • uvɛʀt

(f.p.) • ouvertes • oo-vairt • uvɛʀt

opera

(m.s.) • opéra • o-pey-ra • ɔpeʀa

(m.p.) • opéras • o-pey-ra • ɔpeʀa

operation

(f.s.) • opération • o-pey-ra-ssyo»(n) • ɔpeʀasjɔ

(f.p.) • opérations • o-pey-ra-ssyo»(n) • ɔpeʀasjɔ

operation – as in 'a surgical intervention'.

(f.s.) • intervention chirurgicale • e»n-tair-va»(n)-ssyo»(n) shee-r[eey]urh-zhee-kal • ɛ̃tɛʀvɑ̃sjɔ ʃiʀyʀʒikal

(f.p.) • interventions chirurgicaux • e»n-tair-va»(n)-ssyo»(n) shee-r[eey]urh-zhee-koe • ɛ̃tɛʀvɑ̃sjɔ ʃiʀyʀʒiko

operator

(m.s.) • opérateur • o-pey-ra-teurh • ɔpeʀatœʀ

(m.p.) • opérateurs • o-pey-ra-teurh • ɔpeʀatœʀ

opinion

(f.s.) • opinion • o-pee-nyo»(n) • ɔpinjɔ

(f.p.) • opinions • o-pee-nyo»(n) • ɔpinjɔ

or

ou • oo • u

orange – as in 'the fruit'.

(f.s.) • orange • o-ra»(n)zh • ɔʀɑ̃ʒ

(f.p.) • oranges • o-ra»(n)zh • ɔʀɑ̃ʒ

orange – as in 'the colour orange'.

(m.s.) • orange • o-ra»(n)zh • ɔʀɑ̃ʒ

(m.p.) • oranges • o-ra»(n)zh • ɔʀɑ̃ʒ

(f.s.) • orange • o-ra»(n)zh • ɔʀɑ̃ʒ

(f.p.) • oranges • o-ra»(n)zh • ɔʀɑ̃ʒ

orchestra

(m.s.) • orchestre • orh-kess-tr{uh} • ɔʀkɛstʀ

(m.p.) • orchestres • orh-kess-tr{uh} • ɔʀkɛstʀ

order

(m.s.) • ordre • orh-dr{uh} • ɔʀdʀ

(m.p.) • ordres • orh-dr{uh} • ɔʀdʀ

ordinary

(m.s.) • ordinaire • orh-dee-nair • ɔʀdinɛʀ

(m.p.) • ordinaires • orh-dee-nair • ɔʀdinɛʀ

(f.s.) • ordinaire • orh-dee-nair • ɔʀdinɛʀ

(f.p.) • ordinaires • orh-dee-nair • ɔʀdinɛʀ

original

(m.s.) • original • o-ree-zhee-nal • ɔʀiʒinal

(m.p.) • originaux • o-ree-zhee-noe • ɔʀiʒino

  (f.s.) • originale • o-ree-zhee-nal • ɔʀiʒinal

  (f.p.) • originales • o-ree-zhee-nal • ɔʀiʒinal

other

  (m.s.) • autre • oe-tr{uh} • otʀ

  (m.p.) • autres • oe-tr{uh} • otʀ

  (f.s.) • autre • oe-tr{uh} • otʀ

  (f.p.) • autres • oe-tr{uh} • otʀ

outside – adjective, as in 'the outside wall'.

  (m.s.) • extérieur • ek-sstey-ree-yeurh • ɛksteʀjœʀ

  (m.p.) • extérieurs • ek-sstey-ree-yeurh • ɛksteʀjœʀ

  (f.s.) • extérieure • ek-sstey-ree-yeurh • ɛksteʀjœʀ

  (f.p.) • extérieures • ek-sstey-ree-yeurh • ɛksteʀjœʀ

outside – preposisiton, as in 'she is sitting outside'.

  à l'extérieur • a lek- stey-ree-yeurh • a lɛksteʀjœʀ

over – adjective, as in 'it is finished'

  (m.s.) • terminé • tair-mee-ney • tɛʀmine

  (m.p.) • terminés • tair-mee-ney • tɛʀmine

  (f.s.) • terminée • tair-mee-ney • tɛʀmine

  (f.p.) • terminées • tair-mee-ney • tɛʀmine

over – as in 'The painting was above/over the fireplace'.

  au-dessus de • oe du»-ss[eey]u duh • od(ə)sy d

owner

    (m.s.) • propriétaire • pro-pree-yey-tair • pʀɔpʀijetɛʀ

    (m.p.) • propriétaires • pro-pree-yey-tair • pʀɔpʀijetɛʀ

    (f.s.) • propriétaire • pro-pree-yey-tair • pʀɔpʀijetɛʀ

    (f.p.) • propriétaires • pro-pree-yey-tair • pʀɔpʀijetɛʀ

oxygen – in French, this noun is generally only used in the singular form.

    (m.s.) • oxygène • ok-ssee-zhen • ɔksiʒɛn

P

page

    (f.s.) • page • pazh • paʒ

    (f.p.) • pages • pazh • paʒ

pain

    (f.s.) • douleur • doo-leurh • dulœʀ

    (f.p.) • douleurs • doo-leurh • dulœʀ

painful

    (m.s.) • douloureux • doo-loo-ruh • duluʀø

    (m.p.) • douloureux • doo-loo-ruh • duluʀø

    (f.s.) • douloureuse • doo-loo-ru»z • duluʀøz

(f.p.) • douloureuses • doo-loo-ru»z • duluʀøz

paint – (verb)

    peindre • pe»n-dr{uh} • pɛ̃dʀ

paint

    (f.s.) • peinture • pe»n-t[eey]urh • pɛ̃tyʀ

    (f.p.) • peintures • pe»n-t[eey]urh • pɛ̃tyʀ

painter

(m.s.) • peintre • pe»n-tr • pɛ̃tʀ

painting

    (f.s.) • peinture • pe»n-t[eey]urh • pɛ̃tyʀ

    (f.p.) • peintures • pe»n-t[eey]urh • pɛ̃tyʀ

pair

    (f.s.) • paire • pair • pɛʀ

    (f.p.) • paires • pair • pɛʀ

palace – as in, 'a luxury hotel'.

    (m.s.) • palace • pa-lass • palas

    (m.p.) • palaces • pa-lass • palas

pan

    (f.s.) • casserole • kass-rol • kasʀɔl

    (f.p.) • casseroles • kass-rol • kasʀɔl

pants - in English, this noun is used in the plural form. In French, however, it can also be used in the singular form, corresponding to 'a *pair* of pants' and can therefore be used in the plural form, corresponding to '*pairs* of pants'.

    (m.s.) • pantalon • pa»n-ta-lo»(n) • pɑ̃talɔ

    (m.p.) • pantalons • pa»n-ta-lo»(n) • pɑ̃talɔ

paper - in English, this noun is uncountable. In French, however, it is a countable noun, corresponding to 'a *piece* of paper' and can therefore be used in the plural form, corresponding to '*pieces* of paper'.

    (m.s.) • papier • pa-pyey • papje

    (m.p.) • papiers • pa-pyey • papje

parent - in French, nouns referring to people can generally be masculine or feminine, depending on the gender of the person. The word 'pharmacien' translates as 'a male chemist', 'pharmacienne' translates as 'a female chemist'. There are, however, exceptions, where the word is only either masculine or feminine, irrespective of the gender of the person. This is one of these exceptions. The noun is generally only used in the masculine form.

    (m.s.) • parent • pa-ra»(n) • paʀɑ

    (m.p.) • parents • pa-ra»(n) • paʀɑ

park

    (m.s.) • parc • parhk • park

(m.p.) • parcs • parhk • park

parliament

(m.s.) • parlement • parh-lu»-ma»(n) • paʀləmɑ

(m.p.) • parlements • parh-lu»-ma»(n) • paʀləmɑ

part – as in 'a section of something larger'.

(f.s.) • partie • parh-tee • paʀti

(f.p.) • parties • parh-tee • paʀti

partner

(m.s.) • partenaire • parh-tu»-nair • paʀtənɛʀ

(m.p.) • partenaires • parh-tu»-nair • paʀtənɛʀ

(f.s.) • partenaire • parh-tu»-nair • paʀtənɛʀ

(f.p.) • partenaires • parh-tu»-nair • paʀtənɛʀ

party

(f.s.) • fête • fet • fɛt

(f.p.) • fêtes • fet • fɛt

pass – verb, as in 'to pass a store when walking in the street'.

passer devant • pa»-ssey du»-va»(n) • pɑse d(ə)vɑ

passage

(m.s.) • passage • pa»-ssazh • pɑsaʒ

(m.p.) • passages • pa»-ssazh • pɑsaʒ

passenger - in French, nouns referring to people can generally be masculine or feminine, depending on the gender of the person. The word 'pharmacien' translates as 'a male chemist', 'pharmacienne' translates as 'a female chemist'. There are, however, exceptions, where the word is only either masculine or feminine, irrespective of the gender of the person. This is one of these exceptions. The noun is generally only used in the masculine form.

 (m.s.) • passager • pa»-ssa-zhey • pasaʒe

 (m.p.) • passagers • pa»-ssa-zhey • pasaʒe

passport

 (m.s.) • passeport • pa»-ssporh • paspɔʀ

 (m.p.) • passeports • pa»-ssporh • paspɔʀ

past – (noun)

 (m.s.) • passé • pa»-ssey • pɑse

 (m.p.) • passés • pa»-ssey • pɑse

past – (adjective)

 (m.s.) • passé • pa»-ssey • pɑse

 (m.p.) • passés • pa»-ssey • pɑse

 (f.s.) • passée • pa»-ssey • pɑse

 (f.p.) • passées • pa»-ssey • pɑse

pasta - in English, this noun is uncountable. In French, however, it is a countable noun, corresponding to 'a *piece* of pasta' and can therefore be used in the plural form, corresponding to *pieces* of pasta'.

    (f.s.) • pâte • pa»t • pɑt

    (f.p.) • pâtes • pa»t • pɑt

path

    (m.s.) • sentier • sa»n-tee-yey • sɑ̃tje

    (m.p.) • sentiers • sa»n-tee-yey • sɑ̃tje

pay – (verb)

    payer • pey-yey • peje

payment

    (m.s.) • paiement • pe-ma»(n) • pɛmɑ

    (m.p.) • paiements • pe-ma»(n) • pɛmɑ

pea

    (m.s.) • petit pois • pu»-tee pwah • p(ə)ti pwɑ

    (m.p.) • petits pois • pu»-tee pwah • p(ə)ti pwɑ

peach

    (f.s.) • pêche • pesh • pɛʃ

    (f.p.) • pêches • pesh • pɛʃ

peace

    (f.s.) • paix • pe • pɛ

    (f.p.) • paix • pe • pɛ

peak

 (m.s.) • pic • peek • pik

 (m.p.) • pics • peek • pik

pear

 (f.s.) • poire • pwarh • pwaʀ

 (f.p.) • poires • pwarh • pwaʀ

pedestrian

 (m.s.) • piéton • pee-yey-to»(n) • pjetɔ

 (m.p.) • piétons • pee-yey-to»(n) • pjetɔ

 (f.s.) • piétonne • pee-yey-ton • pjetõn

 (f.p.) • piétonnes • pee-yey- ton • pjetõn

pen

 (m.s.) • stylo • stee-loe • stilo

 (m.p.) • stylos • stee-loe • stilo

penny – as in 'the smallest denomination in a currency'. In France, it would be a centime, one hundredth of a euro.

 (m.s.) • centime • sa»n-teem • sɑ̃tim

 (m.p.) • centimes • sa»n-teem • sɑ̃tim

people – as in 'The Saxons, as a people, were friendly'.

 (m.s.) • peuple • pu»-pl{uh} • pœpl

 (m.p.) • peuples • pu»-pl{uh} • pœpl

people – as in 'There are lots of people in the square'. In French, this noun is only used in the plural form.

(m.p.) • gens • zhe»(n) • ʒɛ

pepper

    (m.s.) • poivre • pwa-vr{uh} • pwavʀ

    (m.p.) • poivres • pwa-vr{uh} • pwavʀ

percent

    (m.s.) • pourcentage • poorh-ssa»n-tazh • puʀsɑ̃taʒ

    (m.p.) • pourcentages • poorh-ssa»n-tazh • puʀsɑ̃taʒ

perfume

    (m.s.) • parfum • parh-fu»(n) • paʀfœ̃

    (m.p.) • parfums • parh-fu»(n) • paʀfœ̃

permanent

    (m.s.) • permanent • pair-ma-na»(n) • pɛʀmanɑ

    (m.p.) • permanents • pair-ma-na»(n) • pɛʀmanɑ

    (f.s.) • permanente • pair-ma-na»nt • pɛʀmanɑ̃t

    (f.p.) • permanentes • pair-ma-na»nt • pɛʀmanɑ̃t

permission

    (f.s.) • permission • pair-mee-ssyo»(n) • pɛʀmisjɔ

    (f.p.) • permissions • pair-mee-ssyo»(n) • pɛʀmisjɔ

permit
- (f.s.) • licence • lee-ssa»(n)ss • lisɑ̃s
- (f.p.) • licences • lee-ssa»(n)ss • lisɑ̃s

person
- (f.s.) • personne • pair-son • pɛRsɔn
- (f.p.) • personnes • pair-son • pɛRsɔn

personal
- (m.s.) • personnel • pair-so-nel • pɛRsɔnɛl
- (m.p.) • personnels • pair-so-nel • pɛRsɔnɛl
- (f.s.) • personnelle • pair-so-nel • pɛRsɔnɛl
- (f.p.) • personnelles • pair-so-nel • pɛRsɔnɛl

petition
- (f.s.) • pétition • pey-tee-ssyo»(n) • petisjɔ
- (f.p.) • pétitions • pey-tee-ssyo»(n) • petisjɔ

petrol – as in 'the liquid used to power a ve»icle'.
- (f.s.) • essence • ey-ssa»(n)ss • esɑ̃s
- (f.p.) • essences • ey-ssa»(n)ss • esɑ̃s

pharmacy
- (f.s.) • pharmacie • farh-ma-see • farmasi
- (f.p.) • pharmacies • farh-ma-see • farmasi

phone book

(m.s.) • annuaire • a-n[eey]u-air • anɥɛʀ

(m.p.) • annuaires • a-n[eey]u-air • anɥɛʀ

phone card

(f.s.) • carte téléphonique • karht tey-ley-foy-neek • kaʀt telefɔnik

(f.p.) • cartes téléphoniques • karht tey-ley-foy-neek • kaʀt telefɔnik

photo

(f.s.) • photo • fo-toe • fɔto

(f.p.) • photos • fo-toe • fɔto

photographer

(m.s.) • photographe • fo-toe-graf • fɔtogʀaf

(m.p.) • photographes • fo-toe-graf • fɔtogʀaf

(f.s.) • photographe • fo-toe-graf • fɔtogʀaf

(f.p.) • photographes • fo-toe-graf • fɔtogʀaf

pick up

ramasser • ra-ma»-ssey • ʀamɑse

pie

(f.s.) • tourte • toorht • tuʀt

(f.p.) • tourtes • toorht • tuʀt

piece – as in, 'a small part of something larger'.

(m.s.) • morceau • morh-ssoe • mɔʀso

(m.p.) • morceaux • morh-ssoe • mɔʀso

pig

(m.s.) • cochon • kosh-o»(n) • kɔʃɔ

(m.p.) • cochons • kosh-o»(n) • kɔʃɔ

pill

(f.s.) • pilule • pee-l[eey]ul • pilyl

(f.p.) • pilules • pee-l[eey]ul • pilyl

pillow

(m.s.) • oreiller • o-re-yey • ɔʀɛje

(m.p.) • oreillers • o-re-yey • ɔʀɛje

pineapple

(m.s.) • ananas • a-na-na • anana

(m.p.) • ananas • a-na-na • anana

pink

(m.s.) • rose • roez • roz

(m.p.) • roses • roez • roz

(f.s.) • rose • roez • roz

(f.p.) • roses • roez • roz

place

(m.s.) • endroit • a»n-drwa • ɑ̃dʀwa

243

(m.p.) • endroits • a»n-drwa • ɑ̃dʀwa

plane

(m.s.) • avion • a-vyo»(n) • avjɔ

(m.p.) • avions • a-vyo»(n) • avjɔ

planet

(f.s.) • planète • pla-net • planɛt

(f.p.) • planètes • pla-net • planɛt

plastic – (noun)

(m.s.) • plastique • pla-ssteek • plastik

(m.p.) • plastiques • pla-ssteek • plastik

plastic – (adjective)

(m.s.) • plastique • pla-ssteek • plastik

(m.p.) • plastiques • pla-ssteek • plastik

(f.s.) • plastique • pla-ssteek • plastik

(f.p.) • plastiques • pla-ssteek • plastik

plate

(f.s.) • assiette • a-ssyet • asjɛt

(f.p.) • assiettes • a-ssyet • asjɛt

platform – as in 'a place to board a train at a railway station', for example.

(m.s.) • quai • ke • kɛ

(m.p.) • quais • ke • kɛ

play - (verb)

    jouer • zhoo-ey • ʒwe

play – noun, as in 'a play at the theatre'.

    (f.s.) • pièce • pee-yess • pjɛs

    (f.p.) • pièces • pee-yess • pjɛs

playground

    (f.s.) • aire de jeu • air duh zhuh • ɛʀ də ʒø

    (f.p.) • aires de jeu • air duh zhuh • ɛʀ də ʒø

pocket

    (f.s.) • poche • posh • pɔʃ

    (f.p.) • poches • posh • pɔʃ

poetry

    (f.s.) • poésie • po-ey-zee • pɔezi

    (f.p.) • poésies • po-ey-zee • pɔezi

point

    (m.s.) • point • pwe»(n) • pwɛ

    (m.p.) • points • pwe»(n) • pwɛ

poisonous

    (m.s.) • toxique • tok-sseek • tɔksik

    (m.p.) • toxiques • tok-sseek • tɔksik

(f.s.) • toxique • tok-sseek • tɔksik

(f.p.) • toxiques • tok-sseek • tɔksik

police

(f.s.) • police • po-leess • pɔlis

(f.p.) • polices • po-leess • pɔlis

policy – as in 'governmental policy'. In French, this noun is generally only used in the singular form.

(f.s.) • politique • po-lee-teek • pɔlitik

policy – as in, for example, 'an insurance policy'.

(f.s.) • police • po-leess • pɔlis

(f.p.) • polices • po-leess • pɔlis

pollution

(f.s.) • pollution • po-l[eey]u-ssyo»(n) • pɔlysjɔ

(f.p.) • pollutions • po-l[eey]u-ssyo»(n) • pɔlysjɔ

popular

(m.s.) • populaire • po-p[eey]u-lair • pɔpylɛʀ

(m.p.) • populaires • po-p[eey]u-lair • pɔpylɛʀ

(f.s.) • populaire • po-p[eey]u-lair • pɔpylɛʀ

(f.p.) • populaires • po-p[eey]u-lair • pɔpylɛʀ

pork – as in 'the meat from a pig'. In french, this noun is generally only used in the singular form as an uncountable noun.

    (m.s.) • porc • porh • pɔʀ

portable

    (m.s.) • portable • porh-ta-bl{uh} • pɔʀtabl

    (m.p.) • portables • porh-ta-bl{uh} • pɔʀtabl

    (f.s.) • portable • porh-ta-bl{uh} • pɔʀtabl

    (f.p.) • portables • porh-ta-bl{uh} • pɔʀtabl

port

    (m.s.) • port • porh • pɔʀ

    (m.p.) • ports • porh • pɔʀ

portion

    (f.s.) • portion • porh-ssyo»(n) • pɔʀsjɔ

    (f.p.) • portions • porh-ssyo»(n) • pɔʀsjɔ

possible

    (m.s.) • possible • po-see-bl{uh} • pɔsibl

    (m.p.) • possibles • po-see-bl{uh} • pɔsibl

    (f.s.) • possible • po-see-bl{uh} • pɔsibl

    (f.p.) • possibles • po-see-bl{uh} • pɔsibl

post – (noun)

(m.s.) • courrier • koo-ree-yey • kuʀje

(m.p.) • courriers • koo-ree-yey • kuʀje

post – (verb)

poster • po-sstey • pɔste

post code

(m.s.) • code postal • kod po-stal • kɔd pɔstal

(m.p.) • codes postaux • kod po-stoe • kɔd pɔsto

postcard

(f.s.) • carte postale • karht po-stal • kaʀt pɔstal

(f.p.) • cartes postales • karht po-stal • kaʀt pɔstal

potato

(f.s.) • pomme de terre • pom duh tair • pɔm də tɛʀ

(f.p.) • pommes de terre • pom duh tair • pɔm də tɛʀ

pottery

(f.s.) • poterie • po-tree • pɔtʀi

(f.p.) • poteries • po-tree • pɔtʀi

pound – as in 'a measure of weight, equivalent to about 450g'.

(f.s.) • livre • lee-vr{uh} • livʀ

(f.p.) • livres • lee-vr{uh} • livʀ

poverty – usually only used in the singular form.

(f.s.) • pauvreté • poe-vru»-tey • povʀəte

powder

(f.s.) • poudre • poo-dr{uh} • pudʀ

(f.p.) • poudres • poo-dr{uh} • pudʀ

power

(f.s.) • puissance • pwee-ssa»(n)ss • pɥisɑ̃s

(f.p.) • puissances • pwee-ssa»(n)ss • pɥisɑ̃s

pray

prier • pree-yey • pʀije

prefer

préférer • prey-fey-rey • pʀefeʀe

pregnant

(f.s.) • enceinte • a»(n)-sse»nt • ɑ̃sɛt

(f.p.) • enceintes • a»(n)-sse»nt • ɑ̃sɛt

prepare

préparer • prey-pa-rey • pʀepaʀe

present

(m.s.) • cadeau • ka-doe • kado

(m.p.) • cadeaux • ka-doe • kado

preservative

(m.s.) • conservateur • ko»(n)-ssair-va-teurh • kɔ̃sɛrvatœr

(m.p.) • conservateurs • ko»(n)-ssair-va-teurh • kɔ̃sɛrvatœr

president

(m.s.) • président • prey-zee-da»(n) • pʀezidɑ

(m.p.) • présidents • prey-zee-da»(n) • pʀezidɑ

(f.s.) • présidente • prey-zee-da»nt • pʀezidɑ̃t

(f.p.) • présidentes • prey-zee-da»nt • pʀezidɑ̃t

pressure

(f.s.) • pression • pre-ssyo»(n) • pʀɛsjɔ

(f.p.) • pressions • pre-ssyo»(n) • pʀɛsjɔ

pretty

(m.s.) • joli • zho-lee • ʒɔli

(m.p.) • jolis • zho-lee • ʒɔli

(f.s.) • jolie • zho-lee • ʒɔli

(f.p.) • jolies • zho-lee • ʒɔli

price

(m.s.) • prix • pree • pʀi

(m.p.) • prix • pree • pʀi

priest - in French, nouns referring to people can generally be masculine or feminine, depending on the gender of the person. The word 'pharmacien' translates as 'a male chemist', 'pharmacienne' translates as 'a female chemist'. There are, however, exceptions, where the word is only either masculine or feminine, irrespective of the gender of the person. This is one of these exceptions. The noun is generally only used in the masculine form.

>   (m.s.) • prêtre • pre-tr{uh} • pRεtR

>   (m.p.) • prêtres • pre-tr{uh} • pRεtR

prime minister - in French, nouns referring to people can generally be masculine or feminine, depending on the gender of the person. The word 'pharmacien' translates as 'a male chemist', 'pharmacienne' translates as 'a female chemist'. There are, however, exceptions, where the word is only either masculine or feminine, irrespective of the gender of the person. This is one of these exceptions. The noun is generally only used in the masculine form.

>   (m.s.) • premier ministre • pru»-mee-yey mee-nee-str{uh} • pRəmje ministR

>   (m.p.) • premiers ministres • pru»-mee-yey mee-nee-str{uh} • pRəmje ministR

print

>   imprimer • e»m-pree-mee • ɛ̃pRime

prison

    (f.s.) • prison • pree-zo»(n) • pʀizɔ

    (f.p.) • prisons • pree-zo»(n) • pʀizɔ

private

    (m.s.) • privé • pree-vey • pʀive

    (m.p.) • privés • pree-vey • pʀive

    (f.s.) • privée • pree-vey • pʀive

    (f.p.) • privées • pree-vey • pʀive

problem

    (m.s.) • problème • pro-blem • pʀɔblɛm

    (m.p.) • problèmes • pro-blem • pʀɔblɛm

produce – (verb)

    produire • pro-dweer • pʀɔdɥiʀ

profit

    (m.s.) • profit • pro-fee • pʀɔfi

    (m.p.) • profits • pro-fee • pʀɔfi

program

    (m.s.) • programme • pro-gram • pʀɔgʀam

    (m.p.) • programmes • pro-gram • pʀɔgʀam

project

    (m.s.) • projet • pro-zhe • pʀɔʒɛ

  (m.p.) • projets • pro-zhe • pʀɔʒɛ

promise

  (f.s.) • promesse • pro-mess • pʀɔmɛs

  (f.p.) • promesses • pro-mess • pʀɔmɛs

protect

  protéger • pro-tu»-zhey • pʀɔteʒe

protest

  (f.s.) • protestation • pro-te-ssta-ssyo»(n) • pʀɔtɛstasjɔ

  (f.p.) • protestations • pro-te-ssta-ssyo»(n) • pʀɔtɛstasjɔ

pub

  (m.s.) • pub • pu»b • pœb

  (m.p.) • pubs • pu»b • pœb

public – in French, this noun is generally only used in the singular form.

  (m.s.) • public • p[eey]u-bleek • pyblik

public – (adjective)

  (m.s.) • public • p[eey]u-bleek • pyblik

  (m.p.) • publics • p[eey]u-bleek • pyblik

  (f.s.) • publique • p[eey]u-bleek • pyblik

(f.p.) • publiques • p[eey]u-bleek • pyblik

pull

tirer • tee-rey • tiʀe

pumpkin

(f.s.) • citrouille • ssee-troo-y{uh} • sitʀuj

(f.p.) • citrouilles • ssee-troo-y{uh} • sitʀuj

puppy

(m.s.) • chiot • shee-oe • ʃjo

(m.p.) • chiots • shee-oe • ʃjo

pure

(m.s.) • pur • p[eey]urh • pyʀ

(m.p.) • purs • p[eey]urh • pyʀ

(f.s.) • pure • p[eey]urh • pyʀ

(f.p.) • pures • p[eey]urh • pyʀ

purchase

(m.s.) • achat • a-sha • aʃa

(m.p.) • achats • a-sha • aʃa

purple

(m.s.) • violet • vee-o-le • vjɔlɛ

(m.p.) • violets • vee-o-le • vjɔlɛ

(f.s.) • violette • vee-o-let • vjɔlɛt

(f.p.) • violettes • vee-o-let • vjɔlɛt

push

    pousser • poo-sey • puse

put

    mettre • me-tr{uh} • mɛtʀ

Q

qualification

    (m.s.) • diplôme • dee-ploem • diplom

    (m.p.) • diplômes • dee-ploem • diplom

quality

    (f.s.) • qualité • ka-lee-tey • kalite

    (f.p.) • qualités • ka-lee-tey • kalite

quantity

    (f.s.) • quantité • ka»n-tee-tey • kɑ̃tite

    (f.p.) • quantités • ka»n-tee-tey • kɑ̃tite

quarrel

    (f.s.) • dispute • dee-sp[eey]ut • dispyt

    (f.p.) • disputes • dee-sp[eey]ut • dispyt

quarter – as in 'one of four equal parts of something'.

    (m.s.) • quart • karh • kaʀ

(m.p.) • quarts • karh • kaʀ

queen

    (f.s.) • reine • ren • ʀɛn

    (f.p.) • reines • ren • ʀɛn

question

    (f.s.) • question • kess-tyo»(n) • kɛstjɔ

    (f.p.) • questions • kess-tyo»(n) • kɛstjɔ

queue

    (f.s.) • queue • kuh • kø

    (f.p.) • queues • kuh • kø

quick

    (m.s.) • rapide • ra-peed • ʀapid

    (m.p.) • rapides • ra-peed • ʀapid

    (f.s.) • rapide • ra-peed • ʀapid

    (f.p.) • rapides • ra-peed • ʀapid

quiet – (noun)

    (m.s.) • silence • ssee-la»(n)ss • silɑ̃s

    (m.p.) • silences • ssee-la»(n)ss • silɑ̃s

quiet – (adjective)

    (m.s.) • silencieux • ssee-la»(n)-ssyuh • silɑ̃sjø

    (m.p.) • silencieux • ssee-la»(n)-ssyuh • silɑ̃sjø

(f.s.) • silencieuse • ssee-la»(n)-ssyu»z • silɑ̃sjøz

(f.p.) • silencieuses • ssee-la»(n)-ssyu»z • silɑ̃sjøz

R

rabbit

(m.s.) • lapin • la-pe»(n) • lapɛ

(m.p.) • lapins • la-pe»(n) • lapɛ

rain

(f.s.) • pluie • plwee • plɥi

(f.p.) • pluies • plwee • plɥi

raincoat

(m.s.) • imperméable • e»m-pair-mee-a-bl{uh} • ɛ̃pɛRmeabl

(m.p.) • imperméables • e»m-pair-mee-a-bl{uh} • ɛ̃pɛRmeabl

rare

(m.s.) • rare • ra»r • RɑR

(m.p.) • rares • ra»r • RɑR

(f.s.) • rare • ra»r • RɑR

(f.p.) • rares • ra»r • RɑR

raw

(m.s.) • cru • kr[eey]u • kʀy

(m.p.) • crus • kr[eey]u • kʀy

(f.s.) • crue • kr[eey]u • kʀy

(f.p.) • crues • kr[eey]u • kʀy

read

lire • leer • liʀ

ready

(m.s.) • prêt • pre • pʀɛ

(m.p.) • prêts • pre • pʀɛ

(f.s.) • prête • pret • pʀɛt

(f.p.) • prêtes • pret • pʀɛt

reason

(f.s.) • raison • re-zo»(n) • ʀɛzɔ

(f.p.) • raisons • re-zo»(n) • ʀɛzɔ

receive

recevoir • ru»-ssu»-vwarh • ʀəsvwaʀ

recent

(m.s.) • récent • rey-sa»(n) • ʀesɑ

(m.p.) • récents • rey-sa»(n) • ʀesɑ

(f.s.) • récente • rey-sa»nt • ʀesɑ̃t

(f.p.) • récentes • rey- sa»nt • ʀesɑ̃t

recommend

    recommander • ru»-ko-ma»n-dey • ʀəkɔmɑ̃de

red

    (m.s.) • rouge • roozh • ʀuʒ

    (m.p.) • rouges • roozh • ʀuʒ

    (f.s.) • rouge • roozh • ʀuʒ

    (f.p.) • rouges • roozh • ʀuʒ

reduce

    réduire • rey-dweer • ʀedɥiʀ

refrigerator

    (m.s.) • réfrigérateur • rey-free-zhey-ra-teurh • ʀefʀiʒeʀatœʀ

    (m.p.) • réfrigérateurs • rey-free-zhey-ra-teurh • ʀefʀiʒeʀatœʀ

refund

    (m.s.) • remboursement • ra»m-boorh-ssu»-ma»(n) • ʀɑ̃buʀsəmɑ̃

    (m.p.) • remboursements • ra»m-boorh-ssu»-ma»(n) • ʀɑ̃buʀsəmɑ̃

refuse

    refuser • ru»-f[eey]u-zey • ʀəfyze

registration document – for a ve»icle.

(f.s.) • carte grise • karht greez • kaʀt ɡriz

(f.p.) • cartes grises • karht greez • kaʀt ɡriz

relationship

(f.s.) • relation • ru»-la-ssyo»(n) • ʀəlasjɔ

(f.p.) • relations • ru»-la-ssyo»(n) • ʀəlasjɔ

religion

(f.s.) • religion • ru»-lee-zhyo»(n) • ʀeliʒjɔ

(f.p.) • religions • ru»-lee-zhyo»(n) • ʀeliʒjɔ

remote control

(f.s.) • télécommande • tey-ley-ko-ma»nd • telekɔmɑ̃d

(f.p.) • télécommandes • tey-ley-ko-ma»nd • telekɔmɑ̃d

rent – (noun)

(m.s.) • loyer • lwa-yey • lwaje

(m.p.) • loyers • lwa-yey • lwaje

rent – (verb)

louer • loo-wey • lwe

repair

reparer • rey-pa-rey • ʀəpaʀe

reservation

(f.s.) • réservation • rey-zair-va-ssyo»(n) • ʀezɛʀvasjɔ

(f.p.) • réservations • rey-zair-va-ssyo»(n) • ʀezɛʀvasjɔ

rest – noun, usually only used in the singular form.

(m.s.) • repos • ru»-poe • ʀəpo

rest – (verb)

se reposer • suh ru»-poe-zey • sə ʀəpoze

restaurant

(m.s.) • restaurant • re-ssto-ra»(n) • ʀɛstɔʀɑ

(m.p.) • restaurants • re-ssto-ra»(n) • ʀɛstɔʀɑ

return ticket

(m.s.) • billet aller-retour • bee-yey aley ru»-toorh • bijɛ ale

(m.p.) • billets aller-retour • bee-yey aley ru»-toorh • bijɛ ale ʀətuʀ

rice

(m.s.) • riz • ree • ʀi

(m.p.) • riz • ree • ʀi

rich

(m.s.) • riche • reesh • ʀiʃ

(m.p.) • riches • reesh • ʀiʃ

(f.s.) • riche • reesh • ʀiʃ

(f.p.) • riches • reesh • ʀiʃ

ride a bike

monter à vélo • mo»n-tey a vey-loe • mɔ̃te a velo

right – adjective, as in 'the opposite of the word left(hand)'.

(m.s.) • droit • drwah • dʀwa

(m.p.) • droits • drwah • dʀwa

(f.s.) • droite • drwat • dʀwat

(f.p.) • droites • drwat • dʀwat

right – adjective, as in 'correct, not wrong'.

(m.s.) • correct • ko-rekt • kɔʀɛkt

(m.p.) • corrects • ko-rekt • kɔʀɛkt

(f.s.) • correcte • ko-rekt • kɔʀɛkt

(f.p.) • correctes • ko-rekt • kɔʀɛkt

ring – noun, as in 'a circle' or 'the circular piece of jewellery worn on a finger'.

(m.s.) • anneau • a-noe • ano

(m.p.) • anneaux • a-noe • ano

ring – verb, as in 'to ring a bell'.

sonner • so-ne • sɔne

river

(m.s.) • fleuve • flu»v • flœv

(m.p.) • fleuves • flu»v • flœv

road

(f.s.) • route • root • ʀut

(f.p.) • routes • root • ʀut

rob

voler • vo-ley • vɔle

roll – noun, as in 'an individual portion of bread'.

(m.s.) • petit pain • pu»-tee pe»(n) • pəti pɛ

(m.p.) • petits pains • pu»-tee pe»(n) • pəti pɛ

roll – (verb)

rouler • roo-ley • ʀule

romantic

(m.s.) • romantique • ro-ma»n-teek • ʀɔmɑ̃tik

(m.p.) • romantiques • ro-ma»n-teek • ʀɔmɑ̃tik

(f.s.) • romantique • ro-ma»n-teek • ʀɔmɑ̃tik

(f.p.) • romantiques • ro-ma»n-teek • ʀɔmɑ̃tik

room – any room other than a bedroom.

(f.s.) • pièce • pyess • pjɛs

(f.p.) • pièces • pyess • pjɛs

rose

(f.s.) • rose • roez • roz

(f.p.) • roses • roez • roz

round – as in 'the shape'.

(m.s.) • rond • ro»(n) • ʀɔ

(m.p.) • ronds • ro»(n) • ʀɔ

(f.s.) • ronde • ro»nd • ʀɔ̃d

(f.p.) • rondes • ro»nd • ʀɔ̃d

rubbish – as in 'waste materials'. In English, this noun is uncountable. In French, however, it is a countable noun, corresponding to 'a *piece* of rubbish ' and can therefore be used in the plural form, corresponding to '*pieces* of rubbish'.

(m.s.) • déchet • dey-she • deʃɛ

(m.p.) • déchets • dey-she • deʃɛ

rucksack

(m.s.) • sac à dos • sak a doe • sak a do

(m.p.) • sacs à dos • sak a doe • sak a do

rule

(f.s.) • règle • re-gl{uh} • ʀɛgl

(f.p.) • règles • re-gl{uh} • ʀɛgl

run

courir • koo-reer • kuʀiʀ

S

sack

       (m.s.) • sac • sak • sak

       (m.p.) • sacs • sak • sak

sad

       (m.s.) • triste • treesst • tʀist

       (m.p.) • tristes • treesst • tʀist

       (f.s.) • triste • treesst • tʀist

       (f.p.) • tristes • treesst • tʀist

safe – adjective, as in 'not in danger'. In French, this is invariable.

       (m.s.) • en sécurité • a»(n) sey-k[eey]u-ree-tey • ɑ sekyʀite

       (m.p.) • en sécurité • a»(n) sey-k[eey]u-ree-tey • ɑ sekyʀite

       (f.s.) • en sécurité • a»(n) sey-k[eey]u-ree-tey • ɑ sekyʀite

       (f.p.) • en sécurité • a»(n) sey-k[eey]u-ree-tey • ɑ sekyʀite

sailing –as in 'the sport of sailing. In French, it is generally only used in the singular form.

(f.s.) • voile • vwal • vwal

salad

(f.s.) • salade • ssa-lad • salad

(f.p.) • salades • ssa-lad • salad

salary

(m.s.) • salaire • ssa-lair • salɛʀ

(m.p.) • salaires • ssa-lair • salɛʀ

sale

(f.s.) • vente • va»nt • vɑ̃t

(f.p.) • ventes • va»nt • vɑ̃t

salmon – as in 'the fish eaten as a meal.' As such, in French, this noun would generally only be used in the singular form.

(m.s.) • saumon • soe-mo»(n) • somɔ

sandwich

(m.s.) • sandwich • sa»(n)-weetsh • sɑ̃dwitʃ

(m.p.) • sandwichs • ssa»(n)-weetsh • sɑ̃dwitʃ

sausage

(f.s.) • saucisse • soe-sseess • sosis

(f.p.) • saucisses • soe-sseess • sosis

say

dire • deer • diʀ

scarf

    (f.s.) • écharpe • ey-sharhp • eʃaʀp

    (f.p.) • écharpes • ey-sharhp • eʃaʀp

school

    (f.s.) • école • ey-kol • ekɔl

    (f.p.) • écoles • ey-kol • ekɔl

science – as in 'the subject'.

    (f.s.) • science • ssya»(n)ss • sjɑ̃s

    (f.p.) • sciences • ssya»(n)ss • sjɑ̃s

seaside

    (m.s.) • bord de mer • borh duh mair • bɔʀ də mɛʀ

    (m.p.) • bords de mer • borh duh mair • bɔʀ də mɛʀ

sculpture

    (f.s.) • sculpture • ssk[eey]ul-t[eey]urh • skyltyʀ

    (f.p.) • sculptures • ssk[eey]ul-t[eey]urh • skyltyʀ

sea

    (f.s.) • mer • mair • mɛʀ

    (f.p.) • mers • mair • mɛʀ

season

    (f.s.) • saison • sse-zo»(n) • sɛzɔ̃

(f.p.) • saisons • sse-zo»(n) • sɛzɔ

second – as in 'a sixtieth of a minute'.

(f.s.) • seconde • ssu»-go»nd • səgɔ̃d

(f.p.) • secondes • ssu»-go»nd • səgɔ̃d

second class

(f.s.) • deuxième classe • du»-zee-yem klass • døzjɛm klas

(f.p.) • deuxièmes classes • du»-zee-yem klass • døzjɛm klas

see

voir • vwarh • vwaʀ

selfish

(m.s.) • égoïste • ey-goe-eesst • egɔist

(m.p.) • égoïstes • ey-goe-eesst • egɔist

(f.s.) • égoïste • ey-goe-eesst • egɔist

(f.p.) • égoïstes • ey-goe-eesst • egɔist

sell

vendre • va»n-dr{uh} • vɑ̃dʀ

send

envoyer • a»(n)-vwa-yey • ɑ̃vwaje

separate – (verb)

séparer • ssey-pa-rey • sepaʀe

serious

    (m.s.) • sérieux • ssey-ree-yuh • seʀjø

    (m.p.) • sérieux • ssey-ree-yuh • seʀjø

    (f.s.) • sérieuse • ssey-ree-yu»z • seʀjøz

    (f.p.) • sérieuses • ssey-ree-yu»z • seʀjøz

sex

    (m.s.) • sexe • ssekss • sɛks

    (m.p.) • sexes • ssekss • sɛks

shampoo

    (m.s.) • shampooing • sha»m-pwe»(n) • ʃãpwɛ

    (m.p.) • shampooings • sha»m-pwe»(n) • ʃãpwɛ

shape

    (f.s.) • forme • forhm • fɔʀm

    (f.p.) • formes • forhm • fɔʀm

share

    partager • parh-ta-zhey • paʀtaʒe

sheet – as in 'a sheet of paper'.

    (f.s.) • feuille • fu»-y{uh} • fœj

    (f.p.) • feuilles • fu»-y{uh} • fœj

sheet – as in 'a bedsheet'.

(m.s.) • drap • dra • dʀa

(m.p.) • draps • dra • dʀa

ship

(m.s.) • navire • na-veer • naviʀ

(m.p.) • navires • na-veer • naviʀ

shirt

(f.s.) • chemise • shu»-meez • ʃəmiz

(f.p.) • chemises • shu»-meez • ʃəmiz

shoe

(f.s.) • chaussure • shoe-ss[eey]urh • ʃosyʀ

(f.p.) • chaussures • shoe-ss[eey]urh • ʃosyʀ

shop – as in a store, a place to buy things.

(m.s.) • magasin • ma-ga-ze»(n) • magazɛ

(m.p.) • magasins • ma-ga-ze»(n) • magazɛ

shopping - in English, this noun is uncountable. In French, however, it is a countable noun and when used to describe, for example, the purchases made at a shop, is only used in the plural form.

(f.p.) • courses • koorhss • kuʀs

short – adjective, the opposite of 'long'.

(m.s.) • court • koorh • kuʀ

    (m.p.) • courts • koorh • kuʀ

    (f.s.) • courte • koorht • kuʀt

    (f.p.) • courtes • koorht • kuʀt

show – (verb)

    montrer • mo»n-trey • mɔ̃tʀe

show – (noun)

    (m.s.) • spectacle • sspek-ta-kl{uh} • spɛktakl

    (m.p.) • spectacles • sspek-ta-kl{uh} • spɛktakl

sick

    (m.s.) • malade • ma-lad • malad

    (m.p.) • malades • ma-lad • malad

    (f.s.) • malade • ma-lad • malad

    (f.p.) • malades • ma-lad • malad

side

    (m.s.) • côté • koe-tey • kote

    (m.p.) • côtés • koe-tey • kote

sidewalk

    (m.s.) • trottoir • tro-twarh • tʀɔtwaʀ

    (m.p.) • trottoirs • tro-twarh • tʀɔtwaʀ

sign

    (m.s.) • signe • ssee-ny{uh} • siɲ

(m.p.) • signes • ssee-ny{uh} • siɲ

signal

(m.s.) • signal • ssee-nyal • siɲal

(m.p.) • signaux • ssee-nyoe • siɲo

signature

(f.s.) • signature • ssee-nya-t[eey]urh • siɲatyʀ

(f.p.) • signatures • ssee-nya-t[eey]urh • siɲatyʀ

similar

(m.s.) • similaire • ssee-mee-lair • similɛʀ

(m.p.) • similaires • ssee-mee-lair • similɛʀ

(f.s.) • similaire • ssee-mee-lair • similɛʀ

(f.p.) • similaires • ssee-mee-lair • similɛʀ

since

depuis • du»-pwee • dəpɥi

sister

(f.s.) • sœur • sseurh • sœʀ

(f.p.) • sœurs • sseurh • sœʀ

sit

s'asseoir • ssa-sswarh • saswaʀ

size

(f.s.) • taille • ta»-y{uh} • tɑj

(f.p.) • tailles • ta»-y{uh} • taj

skiing – as in 'the sport of skiing'. In French this noun is generally only used in the singular form.

(m.s.) • ski • sskee • ski

ski – noun, the equipment placed on the foot for this sport.

(m.s.) • ski • sskee • ski

(m.p.) • skis • sskee • ski

ski – (verb)

ski • sskee-yey • skje

skin

(f.s.) • peau • poe • po

(f.p.) • peaux • poe • po

skirt

(f.s.) • jupe • zh[eey]up • ʒyp

(f.p.) • jupes • zh[eey]up • ʒyp

sleep

dormir • dorh-meer • dɔʀmiʀ

slow

(m.s.) • lent • la»(n) • lɑ

(m.p.) • lents • la»(n) • lɑ

(m.s.) • lente • la»nt • lɑ̃t

273

(m.p.) • lentes • la»nt • lɑ̃t

small

(m.s.) • petit • pu»-tee • pəti

(m.p.) • petits • pu»-tee • pəti

(f.s.) • petite • pu»-teet • pətit

(f.p.) • petites • pu»-teet • pətit

smell

(f.s.) • odeur • o-deurh • ɔdœʀ

(f.p.) • odeurs • o-deurh • ɔdœʀ

smile – (verb)

sourire • ssoo-reer • suʀiʀ

smile – (noun)

(f.s.) • sourire • ssoo-reer • suʀiʀ

(f.p.) • sourires • ssoo-reer • suʀiʀ

smoke – (verb)

fumer • f[eey]u-mey • fyme

smoke – (noun)

(f.s.) • fumée • f[eey]u-mey • fyme

(f.p.) • fumées • f[eey]u-mey • fyme

snack

(m.s.) • repas léger • ru»-pah ley-zhey • ʀəpa leʒe

274

(m.p.) • repas légers • ru»-pah ley-zhey • ʀəpɑ leʒe

snow – (noun)

(f.s.) • neige • nezh • nɛʒ

(f.p.) • neiges • nezh • nɛʒ

soap

(m.s.) • savon • ssa-vo»(n) • savɔ

(m.p.) • savons • ssa-vo»(n) • savɔ

soccer - as in 'the sport of soccer'. In French this noun is generally only used in the singular form.

(m.s.) • football • foot-bol • futbol

soft

(m.s.) • mou • moo • mu

(m.s.) • mous • moo • mu

(f.s.) • molle • mol • mɔl

(f.s.) • molles • mol • mɔl

some – as in, for example, 'certain dogs are dangerous'.

(m.s.) • certain • ssair-te»(n) • sɛʀtɛ

(m.p.) • certains • ssair-te»(n) • sɛʀtɛ

(f.s.) • certaine • ssair-ten • sɛʀtɛn

(f.p.) • certaines • ssair-ten • sɛʀtɛn

someone

quelqu'un • kel-ku»(n) • kɛlkœ̃

something

quelque chose • kel-k{uh} shoez • kɛlk ʃoz

son

(m.s.) • fils • feess • fis

(m.p.) • fils • feess • fis

son-in-law

(m.s.) • gendre • zha»n-dr{uh} • ʒɑ̃dʀ

(m.p.) • gendres • zha»n-dr{uh} • ʒɑ̃dʀ

song

(f.s.) • chanson • sha»(n)-so»(n) • ʃɑ̃sɔ

(f.p.) • chansons • sha»(n)-so»(n) • ʃɑ̃sɔ

soon

bientôt • bye»(n)-toe • bjɛ̃to

soup

(f.s.) • soupe • ssoop • sup

(f.p.) • soupes • ssoop • sup

south

(m.s.) • sud • ss[eey]ud • syd

(m.p.) • suds • ss[eey]ud • syd

souvenir

(m.s.) • souvenir • ssoo-vneer • suvniʀ

(m.p.) • souvenirs • ssoo-vneer • suvniʀ

space

(f.s.) • place • plass • plas

(f.p.) • places • plass • plas

speak

parler • parh-ley • paʀle

special

(m.s.) • spécial • sspey-ssyal • spesjal

(m.p.) • spéciaux • sspey-ssyoe • spesjo

(f.s.) • spéciale • sspey-ssyal • spesjal

(f.p.) • spéciales • sspey-ssyal • spesjal

speech

(m.s.) • discours • deess-koorh • diskuʀ

(m.p.) • discours • deess-koorh • diskuʀ

speed

(f.s.) • vitesse • vee-tess • vitɛs

(f.p.) • vitesses • vee-tess • vitɛs

spend – as in 'to spend time with/doing'.

passer • pa»-ssey • pɑse

spend – as in 'to spend money'.

dépenser • dey-pa»(n)-ssey • depɑ̃se

spinach - in English, this noun is uncountable. In French, however, it is a countable noun, although it is generally only used in the plural form to describe the food item.

(m.s.) • épinard • ey-pee-narh • epinaʀ

(m.p.) • épinards • ey-pee-narh • epinaʀ

spoon

(f.s.) • cuillère • kwee-yair • kɥijɛʀ

(f.p.) • cuillères • kwee-yair • kɥijɛʀ

sport

(m.s.) • sport • ssporh • spɔʀ

(m.p.) • sports • ssporh • spɔʀ

spring – as in 'the season'.

(m.s.) • printemps • pre»(n)-ta»(n) • pʀɛ̃ta

(m.p.) • printemps • pre»(n)-ta»(n) • pʀɛ̃ta

square – as in 'an open area or plaza in a city or town'.

(f.s.) • place • plass • plas

(f.p.) • places • plass• plas

stadium

(m.s.) • stade • sstad • stad

(m.p.) • stades • sstad • stad

stage – as in 'a single step or degree in a process'.

    (f.s.) • phase • fa»z • fɑz

    (f.p.) • phases • fa»z • fɑz

stamp – as in 'a postage stamp'.

    (m.s.) • timbre • te»m-br{uh} • tɛbʀ

    (m.p.) • timbres • te»m-br{uh} • tɛbʀ

star

    (f.s.) • étoile • ey-twal • etwal

    (f.p.) • étoiles • ey-twal • etwal

start – (verb)

    commencer • ko-ma»(n)-sey • kɔmɑ̃se

start - (noun)

    (m.s.) • début • dey-b[eey]u • deby

    (m.p.) • débuts • dey-b[eey]u • deby

station

    (f.s.) • gare • garh • gaʀ

    (f.p.) • gares • garh • gaʀ

statue

    (f.s.) • statue • ssta-t[eey]u • staty

    (f.p.) • statues • ssta-t[eey]u • staty

steal

voler • vo-ley • vɔle

steak
    (m.s.) • steak • stek • stɛk
    (m.p.) • steaks • stek • stɛk

still
    encore • a»ng-korh • ɑ̃kɔʀ

stomach
    (m.s.) • estomac • e-ssto-ma • ɛstɔma
    (m.p.) • estomacs • e-ssto-ma • ɛstɔma

stop
    arrêter • a-rey-tey • aʀete

store - as in 'a shop, a place to buy items.
    (m.s.) • magasin • ma-ga-ze»(n) • magazɛ
    (m.p.) • magasins • ma-ga-ze»(n) • magazɛ

story
    (f.s.) • histoire • ee-sstwarh • istwaʀ
    (f.p.) • histoires • ee-sstwarh • istwaʀ

straight
    (m.s.) • droit • drwa • dʀwa
    (m.p.) • droits • drwa • dʀwa
    (f.s.) • droite • drwat • dʀwat

(f.p.) • droites • drwat • dʀwat

strange

    (m.s.) • bizarre • bee-zarh • bizaʀ

    (m.p.) • bizarres • bee-zarh • bizaʀ

    (f.s.) • bizarre • bee-zarh • bizaʀ

    (f.p.) • bizarres • bee-zarh • bizaʀ

strawberry

    (f.s.) • fraise • frez • fʀɛz

    (f.p.) • fraises • frez • fʀɛz

street

    (f.s.) • rue • r[eey]u • ʀy

    (f.p.) • rues • r[eey]u • ʀy

strong

    (m.s.) • fort • forh • fɔʀ

    (m.p.) • forts • forh • fɔʀ

    (f.s.) • forte • forht • fɔʀt

    (f.p.) • fortes • forht • fɔʀt

student – as in 'a person studying at university'.

    (m.s.) • étudiant • ey-t[eey]u-dya»(n) • etydjã

    (m.p.) • étudiants • ey-t[eey]u-dya»(n) • etydjã

    (f.s.) • étudiante • ey-t[eey]u-dya»nt • etydjãt

(f.p.) • étudiantes • ey-t[eey]u-dya»nt • etydjɑ̃t

style

    (m.s.) • style • ssteel • stil

    (m.p.) • styles • ssteel • stil

suburb

    (f.s.) • banlieue • ba»(n)-lyuh • bɑ̃ljø

    (f.p.) • banlieues • ba»(n)-lyuh • bɑ̃ljø

subway

    (m.s.) • métro • mey-troe • metʀo

    (m.p.) • métros • mey-troe • metʀo

sugar

    (m.s.) • sucre • ss[eey]u-kr{uh} • sykʀ

    (m.p.) • sucres • ss[eey]u-kr{uh} • sykʀ

suitcase

    (f.s.) • valise • va-leez • valiz

    (f.p.) • valises • va-leez • valiz

summer

    (m.s.) • été • ey-tey • ete

    (m.p.) • étés • ey-tey • ete

sun

    (m.s.) • soleil • sso-ley • sɔlɛj

(m.p.) • soleils • sso-ley • sɔlɛj

sunset

(m.s.) • coucher du soleil • koo-shey d[eey]u sso-ley • kuʃe dy sɔlɛj

(m.p.) • couchers du soleil • koo-shey d[eey]u sso-ley • kuʃe dy sɔlɛj

supermarket

(m.s.) • supermarché • ss[eey]u-pair-marh-shey • sypɛRmaRʃe

(m.p.) • supermarchés • ss[eey]u-pair-marh-shey • sypɛRmaRʃe

surname

(m.s.) • nom de famille • no»(n) duh fa-mee-y{uh} • nɔ d famij

(m.p.) • noms de famille • no»(n) duh fa-mee-y{uh} • nɔ d famij

sweet – (adjective)

(m.s.) • doux • doo • du

(m.p.) • doux • doo • du

(f.s.) • douce • dooss • dus

(f.p.) • douces • dooss • dus

sweet – (noun)

(m.s.) • bonbon • (m.s.) • bonbon • bo»(n)-bo»(n) • bɔ̃bɔ̃

• bɔ̃bɔ̃

(m.p.) • bonbons • bo»(n)-bo»(n) • bɔ̃bɔ̃

swim

nager • na-zhey • naʒe

T

T-shirt

(m.s.) • T-shirt • tee-sheurht • tiʃœʀt

(m.p.) • T-shirts • tee-sheurht • tiʃœʀt

table

(f.s.) • table • ta-bl{uh} • tabl

(f.p.) • tables • ta-bl{uh} • tabl

take

prendre • pra»n-dr{uh} • pʀɑ̃dʀ

talk

parler • parh-ley • paʀle

tall

(m.s.) • haut • oe • o

(m.p.) • hauts • oe • o

(f.s.) • haute • oet • ot

(f.p.) • hautes • oet • ot

tap

(m.s.) • robinet • ro-bee-ne • ʀɔbinɛ

(m.p.) • robinets • ro-bee-ne • ʀɔbinɛ

taste – (verb)

goûter • goo-tey • gute

taste – (noun)

(m.s.) • goût • goo • gu

(m.p.) • goûts • goo • gu

taxi

(m.s.) • taxi • tak-ssee • taksi

(m.p.) • taxis • tak-ssee • taksi

tea

(m.s.) • thé • tey • te

(m.p.) • thés • tey • te

teacher

(m.s.) • enseignant • a»(n)-ssey-nya»(n) • ɑ̃seɲɑ

(m.p.) • enseignants • a»(n)-ssey-nya»(n) • ɑ̃seɲɑ

(f.s.) • enseignante • a»(n)-ssey-nya»nt • ɑ̃seɲɑ̃t

(f.p.) • enseignantes • a»(n)-ssey- nya»nt • ɑ̃seɲɑ̃t

team

 (f.s.) • équipe • ey-keep • ekip

 (f.p.) • équipes • ey-keep • ekip

telephone

 (m.s.) • téléphone • tey-ley-fon • telefɔn

 (m.p.) • téléphones • tey-ley-fon • telefɔn

television

 (f.s.) • télévision • tey-ley-vee-zyo»(n) • televizjɔ

 (f.p.) • télévisions • tey-ley-vee-zyo»(n) • televizjɔ

tell

 raconter • ra-ko»n-tey • ʀakɔ̃te

temperature

 (f.s.) • température • ta»m-pey-ra-t[eey]urh • tɑ̃peʀatyʀ

 (f.p.) • températures • ta»m-pey-ra-t[eey]urh • tɑ̃peʀatyʀ

temple

 (m.s.) • temple • ta»m-pl{uh} • tɑ̃pl

 (m.p.) • temples • ta»m-pl{uh} • tɑ̃pl

terrible

 (m.s.) • terrible • te-ree-bl{uh} • tɛʀibl

(m.p.) • terribles • te-ree-bl{uh} • tɛʀibl

(f.s.) • terrible • te-ree-bl{uh} • tɛʀibl

(f.p.) • terribles • te-ree-bl{uh} • tɛʀibl

thank – (verb)

remercier • ru»-mair-ssyey • ʀ(ə)mɛʀsje

thank-you

merci • mair-ssee • mɛʀsi

that - as in 'that pen' as opposed to 'this pen'.

(m.s.) • ce…là • ssu»…la • sə…la

(f.s.) • cette…là • sset… la • sɛt…la

theatre

(m.s.) • théâtre • tey-a»-tr{uh} • teɑtʀ

(m.p.) • théâtres • tey-a»-tr{uh} • teɑtʀ

there

là • la • la

they

(m.p.) • ils • eel • il

(f.p.) • elles • el • ɛl

thin

(m.s.) • mince • me»(n)ss • mɛ̃s

(m.p.) • minces • me»(n)ss • mɛ̃s

(f.s.) • mince • me»(n)ss • mɛ̃s

(f.p.) • minces • me»(n)ss • mɛ̃s

thing

(f.s.) • chose • shoez • ʃoz

(f.p.) • choses • shoez • ʃoz

think

penser • pa»(n)-sse • pɑ̃se

thirsty

(m.s.) • assoiffé • a-sswa-fey • aswafe

(m.p.) • assoiffés • a-sswa-fey • aswafe

(f.s.) • assoiffée • a-sswa-fey • aswafe

(f.p.) • assoiffées • a-sswa-fey • aswafe

this – as in 'this pen' as opposed to 'that pen'.

(m.s.) • ce…ci • ssu»…see • sə si

(f.s.) • cette…si • sset…see • sɛt si

through

à travers • a tra-vair • a tRavɛR

ticket

(m.s.) • billet • bee-yey • bijɛ

(m.p.) • billets • bee-yey • bijɛ

time – as in 'duration'. In French, this noun is generally only used in the singular form.

    (m.s.) • temps • ta»(n) • tɑ

time – as in 'an occurrence'.

    (f.s.) • fois • fwa • fwa

    (f.p.) • fois • fwa • fwa

tired

    (m.s.) • fatigué • fa-tee-gey • fatige

    (m.p.) • fatigués • fa-tee-gey • fatige

    (f.s.) • fatiguée • fa-tee-gey • fatige

    (f.p.) • fatiguées • fa-tee-gey • fatige

title

    (m.s.) • titre • tee-tr{uh} • titʀ

    (m.p.) • titres • tee-tr{uh} • titʀ

tobacco

    (m.s.) • tabac • ta-ba • taba

    (m.p.) • tabacs • ta-ba • taba

today

    aujourd'hui • oe-zhoorh-dwee • oʒuʀdɥi

together

    ensemble • a»(n)-ssa»m-bl{uh} • ɑ̃sɑbl

toilet paper

    (m.s.) • papier toilette • pa-pyey twa-let • papje twalɛt

    (m.p.) • papiers toilettes • pa-pyey twa-let • papje twalɛt

toilet – as in 'a lavatory/public conveniences'. In French, this noun is generally only used in the plural form.

    (m.s.) • sanitaires • ssa-nee-tair • sanitɛʀ

tomato

    (f.s.) • tomate • to-mat • tɔmat

    (f.p.) • tomates • to-mat • tɔmat

tomorrow

    demain • du»-me»(n) • dəmɛ

tonight

    ce soir • ssuh sswarh • sə swaʀ

too – as in 'overly'.

    trop • troe • tro

tooth

    (f.s.) • dent • da»(n) • dɑ

    (f.p.) • dents • da»(n) • dɑ

touch – (verb)

toucher • too-shey • tuʃe

touch – noun, as in 'the sense of touch'. In French, this noun is generally only used in the singular form.

    (m.s.) • toucher • too-shey • tuʃe

tourist

    (m.s.) • touriste • too-ree-sst • tuʀist

    (m.p.) • touristes • too-ree-sst • tuʀist

    (f.s.) • touriste • too-ree-sst • tuʀist

    (f.p.) • touristes • too-ree-sst • tuʀist

tower

    (f.s.) • tour • toorh • tuʀ

    (f.p.) • tours • toorh • tuʀ

trade

    (m.s.) • commerce • ko-mairss • kɔmɛʀs

    (m.p.) • commerces • ko-mairss • kɔmɛʀs

traffic light

    (m.s.) • feu • fuh • fø

    (m.p.) • feux • fuh • fø

train

    (m.s.) • train • tre»(n) • tʀɛ

    (m.p.) • trains • tre»(n) • tʀɛ

tram

 (m.s.) • tram • tram • tʀam

 (m.p.) • trams • tram • tʀam

translate

 traduire • tra-dweer • tʀadɥiʀ

transport - in English, this noun is uncountable. In French, however, it is a countable noun, corresponding to 'a *means of transport*' and can therefore be used in the plural form, corresponding to *'means of transport'*.

 (m.s.) • transport • tra»(n)-sporh • tʀɑ̃spɔʀ

 (m.p.) • transports • tra»(n)-sporh • tʀɑ̃spɔʀ

travel

 voyager • vwa-ya-zhey • vwajaʒe

tree

 (m.s.) • arbre • arh-br{uh} • aʀbʀ

 (m.p.) • arbres • arh-br{uh} • aʀbʀ

trip

 (m.s.) • voyage • vwa-yazh • vwajaʒ

 (m.p.) • voyages • vwa-yazh • vwajaʒ

trousers - in English, this noun is used in the plural form. In French, however, it can also be used in the singular form, corresponding to 'a *pair* of trousers' and can therefore be used in the plural form, corresponding to '*pairs* of trousers'.

    (m.s.) • pantalon • pa»n-ta-lo»(n) • pɑ̃talɔ

    (m.p.) • pantalons • pa»n-ta-lo»(n) • pɑ̃talɔ

true

    (m.s.) • vrai • vre • vrɛ

    (m.p.) • vrais • vre • vrɛ

    (f.s.) • vraie • vre • vrɛ

    (f.p.) • vraies • vre • vrɛ

try

    essayer • ey-ssey-yey • eseje

tuna

    (m.s.) • thon • to»(n) • tɔ

    (m.p.) • thons • to»(n) • tɔ

turkey

    (f.s.) • dinde • de»nd • dɛ̃d

    (f.p.) • dindes • de»nd • dɛ̃d

turn

    tourner • toorh-ney • tuʀne

type

    (m.s.) • type • teep • tip

(m.p.) • types • teep • tip

U
ugly

 (m.s.) • laid • le • lɛ

 (m.p.) • laids • le • lɛ

 (f.s.) • laide • led • lɛd

 (f.p.) • laides • led • lɛd

umbrella

 (m.s.) • parapluie • pa-ra-plwee • paʀaplɥi

 (m.p.) • parapluies • pa-ra-plwee • paʀaplɥi

uncle

 (m.s.) • oncle • o»ng-kl{uh} • ɔ̃kl

 (m.p.) • oncles • o»ng-kl{uh} • ɔ̃kl

underground

 (m.s.) • métro • mey-troe • metʀo

 (m.p.) • métros • mey-troe • metʀo

understand

 comprendre • ko»m-pra»n-dr{uh} • kɔ̃pʀɑ̃dʀ

underwear - in English, this noun is uncountable. In French, however, it is a countable noun, corresponding to 'a *piece* of underwear' and can therefore be used in the plural form, corresponding to *pieces* of underwear'.

    (m.s.) • sous-vêtement • ssoo vet-ma»(n) • su vɛtmɑ

    (m.p.) • sous-vêtements • ssoo vet-ma»(n) • su vɛtmɑ

university

    (f.s.) • université • [eey]u-nee-vair-ssee-tey • ynivɛʀsite

    (f.p.) • universités • [eey]u-nee-vair-ssee-tey • ynivɛʀsite

until

    jusqu'à • zh[eey]u-sska • ʒyska

unusual

    (m.s.) • insolite • e»(n)-so-leet • ɛ̃sɔlit

    (m.p.) • insolites • e»(n)-so-leet • ɛ̃sɔlit

    (f.s.) • insolite • e»(n)-so-leet • ɛ̃sɔlit

    (f.p.) • insolites • e»(n)-so-leet • ɛ̃sɔlit

urgent

    (m.s.) • urgent • [eey]urh-zha»(n) • yʀʒɑ

    (m.p.) • urgents • [eey]urh-zha»(n) • yʀʒɑ

    (f.s.) • urgente • [eey]urh-zha»nt • yʀʒɑ̃t

    (f.p.) • urgentes • [eey]urh-zha»nt • yʀʒɑ̃t

use

    utiliser • [eey]u-tee-lee-zey • ytilize

V

vacation - in French, this noun is generally only used in the plural form.

    (f.p.) • vacances • va-ka»(n)ss • vakɑ̃s

valley

    (f.s.) • vallée • va-ley • vale

    (f.p.) • vallées • va-ley • vale

value

    (f.s.) • valeur • va-leurh • valœʀ

    (f.p.) • valeurs • va-leurh • valœʀ

veal – as in 'the meat from a baby cow' and 'the animal'.

    (m.s.) • veau • voe • vo

    (m.p.) • veaux • voe • vo

vegetable

    (m.s.) • légume • ley-g[eey]um • legym

    (m.p.) • légumes • ley-g[eey]um • legym

vegetarian

    (m.s.) • végétarien • vey-zhey-ta-rye»(n) • veʒetaʀjɛ

(m.p.) • végétariens • vey-zhey-ta-rye»(n) • veʒetaʀjɛ

(f.s.) • végétarienne • vey-zhey-ta-ryen • veʒetaʀjɛn

(f.p.) • végétariennes • vey-zhey-ta-ryen • veʒetaʀjɛn

very

très • tre • tʀɛ

view

(f.s.) • vue • v[eey]u • vy

(f.p.) • vues • v[eey]u • vy

visa – as in 'a travel document'.

(m.s.) • visa • vee-za • viza

(m.p.) • visas • vee-za • viza

visit – (verb)

aller voir • a-ley vwarh • ale vwaʀ

visit – (noun)

(f.s.) • visite • vee-zeet • vizit

(f.p.) • visites • vee-zeet • vizit

voice

(f.s.) • voix • vwah • vwɑ

(f.p.) • voix • vwah • vwɑ

volume

 (m.s.) • volume • vo-l[eey]um • vɔlym

 (m.p.) • volumes • vo-l[eey]um • vɔlym

W

wait

 attendre • a-ta»n-dr{uh} • atɑ̃dʀ

waiter

 (m.s.) • serveur • ssair-veurh • sɛʀvœʀ

 (m.p.) • serveurs • ssair-veurh • sɛʀvœʀ

waitress

 (f.s.) • serveuse • ssair-vu»z • sɛʀvøz

 (f.p.) • serveuses • ssair-vu»z • sɛʀvøz

wake up

 se réveiller • ssuh rey-vey-yey • sə ʀeveje

walk

 (f.s.) • promenade • pro»m-nad • pʀɔmnad

 (f.p.) • promenades • pro»m-nad • pʀɔmnad

walk – (verb)

 marcher • marh-shey • maʀʃe

wallet

(m.s.) • portefeuille • porht-fu»-y{uh} • pɔʀt(ə)fœj

(m.p.) • portefeuilles • porht-fu»-y{uh} • pɔʀt(ə)fœj

wall

(m.s.) • mur • m[eey]urh • myʀ

(m.p.) • murs • m[eey]urh • myʀ

want

vouloir • voo-lwarh • vulwaʀ

wardrobe

(f.s.) • armoire • arh-mwarh • aʀmwaʀ

(f.p.) • armoires • arh-mwarh • aʀmwaʀ

warm

(m.s.) • chaud • shoe • ʃo

(m.p.) • chauds • shoe • ʃo

(f.s.) • chaude • shoed • ʃod

(f.p.) • chaudes • shoed • ʃod

wash

laver • la-vey • lave

watch – (verb)

regarder • ru»-garh-dey • ʀəgaʀde

watch – noun, as in 'a device to tell the time'.

(f.s.) • montre • mo»n-tr{uh} • mɔ̃tʀ

    (f.p.) • montres • mo»n-tr {uh} • mɔ̃tʀ

water

    (f.s.) • eau • oe • o

    (f.p.) • eaus • oe • o

way – as in 'a path'.

    (m.s.) • chemin • shu»-me»(n) • ʃəmɛ

    (m.p.) • chemins • shu»-me»(n) • ʃəmɛ

way – as in 'a manner, a means'.

    (f.s.) • façon • fa-sso»(n) • fasɔ̃

    (f.p.) • façons • fa-sso»(n) • fasɔ̃

we

    nous • noo • nu

weak

    (m.s.) • faible • fe-bl{uh} • fɛbl

    (m.p.) • faibles • fe-bl{uh} • fɛbl

    (f.s.) • faible • fe-bl{uh} • fɛbl

    (f.p.) • faibles • fe-bl{uh} • fɛbl

wear

    porter • porh-tey • pɔʀte

weather

    (m.s.) • temps • ta»(n) • tɑ

(m.p.) • temps • ta»(n) • tɑ

wedding

(m.s.) • mariage • ma-ree-azh • maʀjaʒ

(m.p.) • mariages • ma-ree-azh • maʀjaʒ

week

(f.s.) • semaine • ssu»-men • səmɛn

(f.p.) • semaines • ssu»-men • səmɛn

weekend

(m.s.) • weekend • wee-kend • wikɛnd

(m.p.) • weekends • wee-kend • wikɛnd

weight

(m.s.) • poids • pwa • pwa

(m.p.) • poids • pwa • pwa

welcome

(m.s.) • bienvenu • bye»(n)-vu»-n[eey]u • bjɛ̃v(ə)ny

(m.p.) • bienvenus • bye»(n)-vu»-n[eey]u • bjɛ̃v(ə)ny

(f.s.) • bienvenue • bye»(n)-vu»-n[eey]u • bjɛ̃v(ə)ny

(f.p.) • bienvenues • bye»(n)-vu»-n[eey]u • bjɛ̃v(ə)ny

west

(m.s.) • ouest • wesst • wɛst

(m.p.) • ouests • wesst • wɛst

what

    que • kuh • kə

when

    quand • ka»(n) • kɑ

where

    où • oo • u

white

    (m.s.) • blanc • bla»(n) • blɑ

    (m.p.) • blancs • bla»(n) • blɑ

    (f.s.) • blanche • bla»(n)sh • blɑʃ

    (f.p.) • blanches • bla»(n)sh • blɑʃ

who

    qui • kee • ki

why

    pourquoi • poorh-kwa • puʀkwa

wife

    (f.s.) • épouse • ey-pooz • epuz

    (f.p.) • épouses • ey-pooz • epuz

win – (verb)

    gagner • ga-nyey • gaɲe

wind

    (m.s.) • vent • va»(n) • vɑ

    (m.p.) • vents • va»(n) • vɑ

window

    (f.s.) • fenêtre • fu»-ne-tr{uh} • fənɛtʀ

    (f.p.) • fenêtres • fu»-ne-tr{uh} • fənɛtʀ

winter

    (m.s.) • hiver • ee-vair • ivɛʀ

    (m.p.) • hivers • ee-vair • ivɛʀ

wish – (verb)

    sou»aiter • swe-tey • swete

wish – (noun)

    (m.s.) • sou»ait • swe • swɛ

    (m.p.) • sou»aits • swe • swɛ

with

    avec • a-vek • avɛk

without

    sans • sa»(n) • sɑ

woman

    (f.s.) • femme • fam • fam

    (f.p.) • femmes • fam • fam

wool
> (f.s.) • laine • len • lɛn
>
> (f.p.) • laines • len • lɛn

work – (verb)
> travailler • tra-va-yey • tʀavaje

world
> (m.s.) • monde • mo»nd • mɔ̃d
>
> (m.p.) • mondes • mo»nd • mɔ̃d

write
> écrire • ey-kreer • ekʀiʀ

wrong
> (m.s.) • mauvais • mo-ve • mɔvɛ
>
> (m.p.) • mauvais • mo-ve • mɔvɛ
>
> (f.s.) • mauvaise • mo-vez • mɔvɛz
>
> (f.p.) • mauvaises • mo-vez • mɔvɛz

X

x-ray
> (f.s.) • radiographie • ra-dyoe-gra-fee • ʀadjoɡʀafi
>
> (f.p.) • radiographies • ra-dyoe-gra-fee • ʀadjoɡʀafi

xenophobia

    (f.s.) • xénophobie • gze-no-fo-bee • gzenɔfɔbi

    (f.p.) • xénophobies • gze-no-fo-bee • gzenɔfɔbi

xerox – (verb)

    photocopier • fo-toe-ko-pyey • fɔtokɔpje

Y

year

    (m.s.) • an • a»(n) • ɑ

    (m.p.) • ans • a»(n) • ɑ

yellow

    (m.s.) • jaune • zhoen • ʒon

    (m.p.) • jaunes • zhoen • ʒon

    (f.s.) • jaune • zhoen • ʒon

    (f.p.) • jaunes • zhoen • ʒon

yes

    oui • wee • wi

yesterday

    hier • ee-yair • jɛʀ

you – singular familiar form.

tu • t[eey]u • ty

you – singular polite form or plural familiar/polite form.

vous • voo • vu

young

(m.s.) • jeune • zhu»n • ʒœn

(m.p.) • jeunes • zhu»n • ʒœn

(f.s.) • jeune • zheurhn • ʒœn

(f.p.) • jeunes • zheurhn • ʒœn

Z

zebra crossing

(m.s.) • passage piétons • pa»-ssa»zh pyey-to»(n) • pɑsaʒ pjetɔ

(m.p.) • passages piétons • pa»-ssa»zh pyey-to»(n) • pɑsaʒ pjetɔ

zero

(m.s.) • zéro • zey-roe • zeʀo

(m.p.) • zéros • zey-roe • zeʀo

zone

(f.s.) • zone • zoɛn • zon

(f.p.) • zones • zoen • zon

zoo

(m.s.) • zoo • zoe • zo

(m.p.) • zoos • zoe • zo

zoological garden

(m.s.) • jardin zoologique • zharh-de»(n) zo-o-lo-zheek • ʒaʀdɛ̃ zɔɔlɔʒik

(m.p.) • jardins zoologiques • zharh-de»(n) zo-o-lo-zheek • ʒaʀdɛ̃ zɔɔlɔʒik

Made in the USA
Middletown, DE
19 July 2019